Ann Klee

Fateful Lust
Verhängnisvolle Lust

Ann Klee

Fateful Lust

Verhängnisvolle Lust

Rediroma-Verlag

Bibliografische Information der Deutschen Nationalbibliothek:
Die Deutsche Nationalbibliothek verzeichnet diese Publikation in der Deutschen Nationalbibliografie; detaillierte bibliografische Daten sind im Internet über http://portal.dnb.de abrufbar.

ISBN 978-3-98527-041-5

www.rediroma-verlag.de
12,95 Euro (D)

Inhalt

Erster Teil

Ein Auftakt zu einer Sinfonie, die nie zu Ende komponiert wurde!

Kapitel 1

Die Wette

Was gab es schon zu verlieren?

Der Wetteinsatz war nicht hoch ... Ein Kuss oder ein bisschen Gefummel.

Bei seinem Eintreten wich sie seinem Blick aus.

Es kam ihr heiß und stickig vor in dem großen Raum. Im Hintergrund spielte leise Musik und sie war entschlossen, das Spiel nicht zu verlieren ...

Sie hatte sich sorgfältig zurechtgemacht, aber trotzdem fühlte sie sich nicht attraktiv genug für ihn. Unruhe war ihre stärkste Gefühlsregung im Moment.

Der Kloß im Hals wurde immer stärker fühlbar.

Sie räusperte sich. Nur nichts anmerken lassen und ruhig wirken nach außen. Sie wusste nicht, wohin mit ihren Händen, und zappelte nervös herum. Sein Eintreten in den Raum jagte ihr einen Schauer über die Haut. Sie unterdrückte einen Hustenreiz.

Er schaute sie an und lächelte, spürte die Erregung, die in der Luft lag. Selbstsicher durchquerte er das Zimmer und kam direkt auf sie zu. Er lächelte und fixierte sie mit seinen blauen Augen.

Den Blick nicht von ihm nehmend, genoss sie die Spannung, die von ihm ausging. Was gab es Schöneres auf dieser Welt als das Kribbeln im Bauch und die sexuelle Erregung, von der sie geglaubt hatte, das Gefühl wäre vor langer Zeit vergraben worden.

Er sah gut aus, groß, breit, eindrucksvoll. Sein Lächeln ließ ihr Herz hüpfen. Empfand er ähnlich wie sie?

Er wirkte cool und entspannt, strich sich mit einer lässigen Geste das Haar aus der Stirn. Sie konnte sehen, dass auch sein Atem schneller ging als normal.

Warum hatte er solche Macht über sie? War es die Jugend, die er zurückbrachte, oder einfach das Begehren, das sie bei ihm spürte? Dieser Mann schaffte es immer wieder, sie vollkommen aus der Bahn zu werfen. Warum auch immer, sie konnte es sich selbst nicht erklären. Das war etwas, was sie gleichermaßen anzog wie abschreckte.

Er stand jetzt nah bei ihr und sie legte ihren Kopf an seine Brust. Sie spürte die Wärme seines Körpers und roch den dezenten Duft eines Aftershaves. So dicht bei ihm zu sein, ohne ihn zu berühren, ließ ihr Herz rasen und ihre Knie zittern. Sie schmiegte sich an ihn und konnte sein Herz schlagen hören. Jetzt, in diesem Moment, schlug es nur für sie allein.

Ruhig atmete sie seinen Geruch ein und versuchte sich zu entspannen. Das Herz schlug ihr bis zum Hals und ihr Puls pochte.

Flach legte sie ihre Hände auf seinen Hintern und tastete vorsichtig fühlend. Eine alberne Wette, die sie da geschlossen hatten, seit er ihr berichtete, dass er nie Unterwäsche trug. Sie hatte ihn damit aufgezogen, wochenlange Neckereien ihrerseits waren die Folge gewesen. Er hatte sich sehr siegessicher gefühlt, seiner Meinung nach konnte man durch eine Jeans nicht ertasten, ob und was darunter getragen wurde.

Sie fuhr mit den Fingerspitzen über die Wölbung zum Schenkel runter.

Seine Hand schlug gegen die Wand, er sog scharf die Luft ein und stützte sich an der Wand ab.

Gewonnen ...

Sie konnte fühlen, dass er nichts darunter trug. Der nicht vorhandene Slip sicherte ihr den Kuss, den sie so sehr ersehnte, aber auch fürchtete.

Das war der Wetteinsatz gewesen.

Sie hob den Kopf und blickte in seine stahlblauen Augen, die sie so sehr reizten.

Die Augen, die sie so viele Jahre kannte, denen sie so sehr vertraute. Angst vor Enttäuschung schnürte ihre Kehle zu und ließ ihre Knie erneut zittern.

Dann spürte sie seine Lippen auf ihrer Stirn, seine Arme zogen sie noch näher an sich. Sie musste sich einfach nur fallen lassen.

Als sein Mund den ihren fand, vergaß sie alle Ängste und gab sich ganz ihren Gefühlen hin. Sie schloss die Augen und spürte die Erleichterung, als sie seine Zunge schmeckte. Intensiv und voller Leidenschaft gab sie sich diesem Kuss hin und tastete nach seiner nackten Haut unter dem Shirt. Er erbebte unter der sanften Berührung ihrer kühlen, weichen Hände. Der Kuss raubte ihr den Atem und sie fühlte den Taumel der Sinnlichkeit.

Sie drehte sich abrupt um und schmiegte sich rückwärts an seinen Bauch in seine Arme.

Er schlang seine Arme fest um ihre Taille und presste seinen Unterleib an ihren weichen, runden Hintern. Sie konnte seine Erregung spüren, sein Schwanz presste sich durch den Stoff an ihren Hintern. Hart und pulsierend konnte sie sein Verlangen fühlen.

Er suchte mit den Lippen die weiche Haut an ihrem Nacken und fuhr zärtlich darüber. Er leckte sanft ihren Hals entlang.

Sofort überlief sie ein Kribbeln und sie seufzte leise auf. Sein Atem ging stoßweise und sie genoss das Gefühl seiner Geilheit und das Verlangen nach ihm brannte wie Fieber in ihrem Schoß.

Seine suchenden Finger schoben sich unter ihre Bluse und nestelten an dem Verschluss ihres Wäschestücks. Sie konnte seine Nervosität wahrnehmen, was sie noch mehr aufheizte. Die Lust auf seinen Körper erfüllte sie mit einer unbekannten Intensität.

Er stöhnte auf, als er die Schließe endlich geöffnet hatte, seine Hände schoben sich nach vorne. Er umschloss ihre großen Brüste und fand ihre Nippel mit seinen Fingerspitzen. Sie schnappte nach Luft, als er anfing, ihre hart werdenden Spitzen zu liebkosen.

Jetzt war sie zu allem bereit. Sollte er sich einfach nehmen, was er wollte. Es war ihr egal.

Sie wollte ihn endlich spüren, mit jeder Faser ihres Körpers. Das Gefühl erleben, seine nackte, heiße Haut auf ihrer.

Im Moment fühlte sie sich willenlos und ausgeliefert, genoss die Situation, dass er sie in der Hand hatte. Dass er alles Weitere bestimmte.

Sie war wie Wachs in seinen Händen und ihre Haut brannte wie Feuer. Die Lust auf ihn war in all den Jahren, wo der Kontakt abgebrochen war, nicht schwächer geworden. Noch immer schaffte er es, sie mit seiner bloßen Anwesenheit glücklich zu machen und ihr mit einer Berührung den Atem zu rauben.

Seit er den Raum betreten hatte, wusste er, dass er sie wollte. Mit Haut und Haaren.

Er wollte sie so sehr, dass es schmerzte, daran zu denken sie nicht zu bekommen. Aber seine Nervosität konnte er gut unterdrücken. Sie musste nicht wissen, was er im Moment empfand.

Diese kleinen Wettspielchen sicherten ihm den ersten körperlichen Kontakt mit ihr und heizten seine Fantasie an. Ihre tastenden Hände an seinem Arsch ließen seinen Blutdruck in die Höhe schießen. Es kostete ihn Überwindungskraft, ihr nicht die Kleider vom Leib zu reißen und sie einfach zu nehmen, ohne Rücksicht auf irgendwelche Konsequenzen.

Er fühlte die Geilheit als einen stechenden Schmerz in der Lendengegend und in einem Augenblick der Klarheit verstand er, dass er sie schon immer begehrt hatte.

Ihre schweren Titten in seinen Händen zu halten, trieb ihn fast in den Wahnsinn und er wollte nur noch eins ... Seinen harten Schwanz in sie schieben und ihr geben, was sie so sehr verlangte ... Das hatte er schon in seiner Jugend tun wollen, aber so weit war es nie gekommen damals. Es hatte sich nie so ergeben, ihm hatte damals der Mut gefehlt, aber über 20 Jahre später war die Situation anders.

Doch er hielt sich zurück, das hatte keine Eile, denn auch er genoss es, sich wieder jung und lebendig zu fühlen.

Seit Jahren war er nicht mehr so erregt gewesen, seine Sinne und sein Verstand kamen ihm offener vor. Die Welt wirkte bunter und klarer, wenn er bei ihr war.

Sie übte eine unwiderstehliche Anziehungskraft auf ihn aus. Ihre dunklen, tiefen Augen ließen ihn alles um sich herum vergessen. Was war es nur, was ihn so reizte?

Er war ein erfahrener Mann, der schon einige Frauen hatte in seinem Leben, aber nie hatte er Ähnliches empfunden wie bei ihr.

Es war egal, er wollte nicht überlegen, wollte sich ganz der Situation überlassen.

Er presste seinen harten Schwanz an ihren sich windenden weichen, warmen Körper und roch ihren blumigen Duft. Er spürte ihre seidigen Locken in seinem Gesicht und schmeckte das Salz ihrer Haut. Ihre Küsse ließen ihn erahnen, wie leidenschaftlich sie war.

Seine Atmung war hektisch und der Druck seiner Arme wurde fordernder. Sie wollte ihn, das konnte er spüren. So wie früher, da hatte sie ihn auch gewollt, heute wurde ihm klar, dass er damals blind gewesen war.

Es würde ein anderes Mal geben ... Zu einem besseren Zeitpunkt ... Dann würde er keine Zurückhaltung mehr kennen und auf ihr Begehren eingehen. Dann würde sie bekommen, was sie so sehr verlangte, seit er sie kannte.

Kapitel 2

Das Date

Der Stein war ins Rollen gebracht, das Feuer geschürt.

Nachdem sie einmal Leidenschaft verspürt hatte, wollte sie mehr. Alles ... Ihn ... mit Haut und Haaren und allen Konsequenzen ihres Handelns.

Hatte sie das nicht schon immer gewollt, diese Frage stellte sie sich selbst, wenn sie zur Ruhe kam. Irgendwann war es dann zu spät gewesen, damals. Er hatte nicht so wie erwartet reagiert und sie fühlte sich missverstanden.

Also zog sie sich zurück aus seinem Leben. Man verlor sich aus den Augen.

Heute, viele Jahre später, die Wiederbegegnung und die alte Anziehungskraft, die noch immer in der Luft lag. Es traf sie mit einer solchen Heftigkeit, die sie selbst erstaunte. Nichts hatte sich verändert, außer ihre Körper, da konnte man die Zeitspanne erkennen.

Viele Jahre, die Zeit hatte nicht stillgestanden.

Beide gebunden, unzufrieden in ihrem jeweiligen Leben, auf der Suche nach etwas Ehrlichem ... Leidenschaft, Freiheit, ausleben der Sinne …

Was hier passierte, konnte man nicht greifen, als irgendetwas bezeichnen, aber er erregte sie schon, wenn er nur den Raum betrat.

Seine Anwesenheit ließ sie erahnen, was es bedeuten würde, sich ihm hinzugeben, sich ganz auf ihn einzulassen und ihm nah zu sein wie noch nie. Es war seltsam, aber irgendetwas geschah mit ihr, wenn er in der Nähe war.

Sie wurde nervös, beinahe hektisch, und fragte sich immer wieder, woher das kam.

Sonst recht tough und souverän, im Berufsleben hart und professionell. Ja, sie stand ihren Mann im täglichen Leben.

Was war es also? Respekt, Bewunderung, rein erotischer Natur oder einfach nur ein Strohfeuer? Verliebtheit?

Sie beschloss es herauszufinden ... Es musste etwas passieren, bevor sie sich in irgendeine obsessive Abhängigkeit von diesem Mann begab, egal, welcher Art sie war.

Ein Datum wurde festgemacht, ein Date im Restaurant verabredet.

Der Abend kam, sie war unsicher, ob es das richtige war, was sie tat. Was anziehen? Nicht zu billig, nicht zu aufdringlich, aber doch sexy ... Ein Kleid, halterlose Strümpfe, hohe Absätze ... Schwarz, die Farbe, in der sie sich immer wohlfühlte, dazu rote Wäsche.

Sie vertrödelte viel Zeit, um sich sorgfältig zu stylen. Es sollte alles stimmen, sie wollte ein perfektes richtiges erstes Date. Die Treffen mal kurz an ihrem Arbeitsplatz waren auf Dauer unbefriedigend für sie beide.

Ein langes Schaumbad machte den Anfang, beim anschließenden Eincremen ihrer Haut fragte sie sich: Würde es heute endlich geschehen? Würde sie endlich bekommen, was sie so sehr herbeisehnte? Oder würde er sich wie immer schon mit der ihm gegebenen Reserviertheit zurückziehen?

Ihr Bauch kribbelte vor Erregung, jetzt fing es an, dass sie die Situation genoss.

Ihre Haut war rosig vor Aufregung, sie wählte wenig Schminke. Sorgfältig steckte sie ihre hellen Locken hoch und sprühte einen unaufdringlichen Parfümduft über.

Sie wollte nicht mit jeder Faser ihres Körpers schreien: Nimm mich!

Beim Betreten des Lokals hoffte sie, nicht zu billig zu wirken, als wenn sie leicht zu haben wäre. Die Lust auf ihn musste ihm ja nicht beim ersten Blick auffallen. Doch folgten ihr schon mehrere Männeraugenpaare zum Tisch.

Es war voll und laut, es missfiel ihr, so in der Öffentlichkeit, aufreizend, zwischen den Tischen herzugehen.

Er saß rechts, in einer Nische.

Mit unsicherem Gang bahnte sie sich den Weg, die Augen starr auf ihn gerichtet. Sie versuchte verzweifelt, alles um sich herum auszublenden.

Sie ließ sich ihre Nervosität nicht anmerken und begrüßte ihn mit einem Kuss auf die Wange.

Auch er wirkte unruhig, aber sie sah darüber hinweg und setzte sich neben ihn auf die Polsterbank. Sie zog ihre Jacke aus und strich sich die Locken aus dem Gesicht.

Dann schaute sie in seine Augen. Sie spürte seine Nähe schon wieder körperlich und merkte, wie in ihrem Schoß die Hitze hochstieg. Der Wunsch, ihn zu berühren, überwältigte sie komplett.

Unruhig rutschte er auf der Bank hin und her, konnte ihren Brustansatz sehen, was ihn geil werden ließ. Ihr Haar glänzte im Licht und ihre Haut schimmerte wie Elfenbein.

Sie sah entspannt aus, wirkte ruhig und gefasst. War sie es auch?, fragte er sich.

Er versuchte, sich auf die Weinkarte zu konzentrieren. Dann stieg ihm ihr dezenter Parfümduft in die Nase. Er fühlte, wie seine Hose im Schritt begann enger zu werden. Alle Bemühungen, das zu ignorieren, waren vergeblich.

Jetzt legte sie wie zufällig eine Hand auf seinen Schenkel und berührte seinen Schwanz dabei.

Nun war ihm alles egal, der Wille, sie zu berühren, war übermächtig und er rutschte näher an sie heran.

Er schob seine Hand unter ihren Rock und fühlte Spitze und weiche Haut, sie machte ihn noch völlig verrückt.

Jetzt war der Zeitpunkt gekommen, die Initiative zu ergreifen, bevor er völlig die Beherrschung verlor. Seine Stimme war rau, als er ohne sie anzusehen sagte: „Komm, raus hier!"

Sie stand auf und er griff nach ihrer Hand und zerrte sie in Richtung Ausgang. Stolpernd folgte sie ihm, durch das Wirrwarr der Tische, er hatte es eilig.

Sein Wagen parkte in der hintersten Ecke der Straße, die Laternenbeleuchtung war defekt, kein Lichtschein war zu sehen. Hier draußen war die Luft kalt und feucht. Es herrschte eine fast beängstigende Stille.

Die Nacht war sternenklar und feuchter Dunst schwappte über den nass glänzenden Asphalt. Dunkel lag die Gasse vor ihnen. Da stand sein schwarzer Porsche.

Sie gingen darauf zu und ihre Schritte hallten in der Gasse wider. Er stieß sie gegen die Motorhaube und drückte sich an sie.

Sein Atem ging stoßweise und er hatte die Augen geschlossen, so, als wenn er sich ganz seinen Sinnen überlassen wollte.

Seinen Lippen suchten ihre und seine Hand fand den Weg zu ihrem Schoß. Die andere Hand zog das Kleid unter ihre Titten und er vergrub sein Gesicht dazwischen, endlich konnte er sich gehen lassen. Aufgeheizt wie lange nicht mehr, seine Beherrschung war jetzt völlig vorbei.

Dann würde er sie halt einfach nehmen und sich ganz der Intensität ihres Körpers hingeben. Egal, was hinterher wäre oder welche Fragen sein Handeln aufwerfen würde.

Sie seufzte auf, als er mit einem Ruck ihren Tanga zerriss. Seine Hände waren fordernd und sein ganzer Körper sagte ihr, ich will dich. Mit seinem Knie drückte er ihre Beine weiter auseinander und griff in ihren Schritt. Als er zwei Finger gleichzeitig in ihre Nässe schob, schrie sie auf vor Lust.

Er hatte sich das erste Mal mit ihr ganz anders vorgestellt, aber nun war es unwichtig, was er sich ausgemalt hatte. Er war so aufgegeilt, dass er Angst hatte, sofort zu kommen, und versuchte, sich zu beruhigen. Er sog tief die kühle Nachtluft ein und spielte mit der Zunge an ihren steifen Nippeln. Seine Finger bewegten sich rhythmisch in ihrem Schritt und fanden den Mittelpunkt ihrer Lust.

Sie stöhnte wollüstig und presste ihren Unterleib gegen seine Hand. Mit einem Griff war seine Hose offen und sein knallharter Schwanz drängte sich ihr entgegen.

Er drückte sie runter auf die Motorhaube und zog ihre Beine nach oben. Breitbeinig, die hohen Absätze auf seinen Schultern, blickte er auf ihren erregten Schoß.

Sein Atem ging schnell, sein Puls raste.

Der Anblick, wie sie dort lag, ihre Titten aus dem Kleid, mit für ihn gespreizten Beinen, geilte ihn so auf, wie er es nie gekannt hatte. Er packte ihre Beine und zog sie mit einem Ruck auf seinen steifen Schwanz.

Sie keuchte auf, als er grob in sie eindrang.

Er stieß nur zweimal zu und verhielt sich dann ruhig, genoss den Anblick, wie er in ihr steckte, betrachtete ihren vor Geilheit und Lust sich windenden Körper unter seinen

Händen.

Sie bewegte ihr Becken kreisend und er legte seine Fingerspitzen in ihre Mitte, spürte, wie sein Schwanz anfing zu pochen.

Ihre Bewegungen wurden hektischer und er ahnte, dass sie gleich so weit war. Er beugte sich über sie und erstickte ihr lautes Stöhnen mit seiner Zunge in ihrem Mund. Während er kräftig in sie hereinstieß, spürte er, wie sich ihre Muskeln um seinen Schwanz zusammenzogen.

Jetzt endlich ließ er sich gehen und fühlte die Explosion in seinen Lenden. Den ganzen Tag hatte er darauf hingefiebert, nun konnte er sich gehen lassen und stöhnte ihren Namen, während er kam.

Sie biss zärtlich in seinen Hals und hatte ihren Kopf nach hinten gebogen, er sah die Lust in ihrem Gesicht. Er atmete schwer, während er auf ihr lag und sie küsste.

In Wellen ebbte die Erregung ab. Das Gefühl, was ihn durchfuhr, war Zufriedenheit, er war zufrieden mit sich und dem Ablauf der Geschehnisse des Abends. Zwar hatte er es sich nicht so hektisch und schnell vorgestellt, aber genau so geil.

Aber die erste Gier auf ihren Körper war gestillt.

Er würde sich ihrer wieder und wieder annehmen, dann würde er ihr schon zeigen, was es hieß, vor Lust zu schreien.

Für heute war es erst mal genug ...

Diese kleinen Wettspielchen machten ihnen beiden Spaß. Kaum war die erste Wette gewonnen, gingen sie zur zweiten über.

Diesmal war es ihr Slip. Konnte er ertasten, ob sie einen trug?

Das nächste Treffen war eine Woche nach dem ersten Date, das in seinen Augen sicherlich perfekt gelaufen war, sie sah es genauso.

Ahnte sie nach diesem Treffen doch, dass er ihre Erwartungen in Sachen Leidenschaft mehr als erfüllte. Das waren die Gefühle, die sie sich gewünscht und erhofft hatte.

Der Wetteinsatz war festgelegt, der Sieger durfte sich was wünschen. Sie wusste schon nach dem ersten Kuss, was ihr Wunsch war.

Nachts geisterte er durch ihren Schlaf und sie träumte von seinem Kopf zwischen ihren Schenkeln, seinem Mund in ihrem Schoß.

Der Arbeitstag wurde zur Qual, da sie ständig an seine Küsse denken musste, und sehnsüchtig zählte sie die Stunden. Warum dauerte etwas, was man sich so herbeiwünschte, nur so schrecklich lange? Ob es ihm genauso ging? Kannte er den Wunsch, sich nach der Haut, dem Geruch und dem Körper des anderen zu verzehren? Das Gefühl der Lust den anderen aufzuheizen, ohne jedwede Rücksicht auf gesellschaftliche Tabus?

Als der Feierabend näher rückte, wurde sie nervös. Sie spürte schon wieder dieses Kribbeln im ganzen Körper, fühlte sich aufgeheizt und lebendig.

In den stundenlangen Chats mit ihm hatte sie mehrmals erwähnt, dass sie immer Unterwäsche trug. Nun hoffte sie, dass er sich so in die Irre führen ließ.

Sie wollten sich auf einen kleinen Spaziergang in der Natur treffen. Ein fester Jeansrock mit Taschen auf dem Po erlaubten ihr das Gefühl der Siegessicherheit.

Beim Duschen fühlte sie die Spannung im ganzen Körper, wie jedes Mal aufs Neue, wenn sie sich trafen.

Kurz überlegte sie ob sie sich Erleichterung verschaffen sollte, verzichtete dann aber darauf. Die Anspannung davor machte es für sie umso heißer, ihn zu sehen. Das wäre nur der halbe Spaß, dachte sie. Eigentlich fühlte sie sich durch die dauerhafte Erregung lebendig. Die Lust an der Lust mit ihm zu entdecken, befriedigte sie und machten sie in den kurzen Momenten mit ihm regelrecht euphorisch.

Es zeigte ihr, dass Alter keine Rolle spielte was sexuelle Begierden betraf.

Und wenn sie eins im Alter gelernt hatte: Man wusste genau, was man will, und genau, was man nicht mehr will.

Sie wollte ihn. So einfach war es im Moment für sie. Alles andere trat in den Hintergrund. Sie wollte seine Küsse, seine Hände auf ihrer Haut. Sie wollte ihn in sich spüren und jede einzelne Sekunde mit ihm auskosten Das Leben war zu kurz, um Zeit zu verschwenden. Mit ihm alles ausleben, was sie sich gewünscht hatte seit sie zwanzig war. Ihre Ängste, Träume und Sorgen mit ihm teilen.

Den Sex auszuleben der in ihrer Erziehung immer mit Tabus belegt gewesen war.

Er war der Mann, dem sie immer vertraut hatte, der sie nie belogen oder benutzt hatte. Der manchmal so schamlos ehrlich war, dass es wehtat. Sie hatte oft schlucken müssen, weil er wieder mal nicht überlegt hatte, bevor er etwas aussprach. Aber das war ihr egal. So war er halt.

Sie mochte seine ehrliche Art. Er war ein Macher, der seine eigene Meinung hatte und vertrat, auch wenn es manchmal verletzend war.

Manchmal ein richtiges Arschloch, dem jegliche Empathie fehlte, dachte sie schmunzelnd.

Böse Buben waren interessant, nicht zu sehr Macho. Er hatte für sie die richtige Mischung aus beidem. Dazu noch, dass er ein wenig bestimmend war, aber er ihr auch das Gefühl gab, dass sie stark war, stärker, als sie selbst glaubte.

Und doch zweifelte sie, ob es das richtige war, was sie tat. Aber jede Begegnung mit ihm ließ die Zweifel für den Moment verschwinden und die Lust auf ihn größer werden.

An die Ernüchterung hinterher mochte sie nicht denken. Sie wollte ihre Lust mit ihm genießen, ohne zu überlegen, auch wenn es manchmal gar nicht so unbeschwert war, wie sie es sich wünschen würde. Alles andere schob sie weit von sich weg. Wenn er bei ihr war, zählte nur das Hier und Jetzt.

Als sie aus dem Haus ging, um zum Treffpunkt zu fahren, summte sie gut gelaunt ein Lied vor sich hin. Die Vorfreude, ihn zu sehen, wischte alle negativen Gedanken beiseite. Der Tag war mild und die Sonne schien. Es passte alles so gut zusammen. Nichts konnte falsch daran sein.

Auch er hatte so seine Zweifel, was die Treffen mit ihr ihm bedeuteten. Manchmal war er so heiß auf sie, dass er das Gefühl hatte, er müsste durchdrehen bei der Vorstellung, sie wäre plötzlich aus seinem Leben verschwunden. Dann hatte er aber wieder auch Tage, wo er dachte, es wäre besser und einfacher, sie hätte ihn nie wieder gefunden.

Konnte er wirklich jetzt noch die Finger von ihr lassen? Eigentlich war es zu spät für Reue, war er doch schon so angefixt von ihren Titten und ihrem vorlauten Mundwerk.

Und die Nummer am Auto hatte seine kühnsten Vorstellungen in Bezug auf sie und die Leidenschaft in ihr übertroffen. Sie war stark, aber auch verletzlich und anschmiegsam. Er hatte immer gedacht, dass beides in einem Charakter nicht geht.

Gleichzeitig war sie durchgeknallt, verrückt und spleenig. Eigentlich viel zu selbstbewusst und anstrengend für ihn. Sie passte nicht in seine Welt, überhaupt nicht. Und doch war der Sex mit ihr einer der geilsten Ficks, die er je erlebt hatte.

Die Vorfreude, noch mehr von ihr zu haben, immer wieder die Lust am Körper mit ihr zu genießen, produzierte eine Gänsehaut in seinem Nacken.

Scheiß auf alle Bedenken, dachte er bei sich. Sie will mich, ich will sie und nur das zählt im Moment. Er wollte ihr noch so viel zeigen, der Rest würde sich schon finden. Nicht groß darüber nachdenken, sondern einfach handeln, auch wenn es eigentlich gar nicht seinem Charakter entsprach.

Auch er verließ nach einer erfrischenden Dusche gut gelaunt das Haus, um zum Treffpunkt zu fahren. Er spürte nichts als Freude, Freude, sie jetzt gleich zu sehen und zu fühlen.

Der kleine Waldweg lag bei sonniger Abenddämmerung ruhig da. Kühler Wind wehte leise durch die Baumwipfel und ließ die Blätter flüstern. Der Geruch des Herbstes lag in der Luft und ihr war kalt, während sie auf ihn wartete. Fröstelnd zog sie die Jacke enger um sich. Als sie ihn über den Hügel laufen sah, versuchte sie ruhig zu atmen.

Ein Ziehen ging durch ihre Brust, ihr Herz hüpfte, wie immer, wenn sie ihn sah. Endlich wieder seine Stimme zu hören und nah bei ihm zu sein, erfüllte sie mit Freude.

Ruhig Blut, mahnte sie sich, fragte sich aber gleichzeitig, ob er genauso empfand.

Die letzten Sonnenstrahlen leuchteten in der Abenddämmerung und tauchten die Natur in goldenes Licht. Es wirkte beinahe surreal.

Er ging langsamen Schrittes und sie konnte sehen, dass er lächelte, während er auf sie zukam. Seine Schritte waren groß, sein Gang männlich. Er wirkte wieder so selbstsicher auf sie und wieder einmal fragte sie sich, ob das alles nur Fassade war. Auch er hatte mit Sicherheit seine inneren Dämonen, mit denen er kämpfte.

Freute er sich genau so wie sie?

Als er bei ihr angelangt war, streckte er einen Arm nach ihr aus und zog sie an sich und legte die Arme um ihre Hüfte. Sie suchte in seinem Gesicht, in seinem Blick. Dann schloss sie die Augen und seine Lippen fanden ihre. Sie überließ sich ganz dem Kuss und dem Gefühl, das seine Zunge in ihrem Mund auslöste. Es war für sie der perfekte Moment, in dem alles stimmte. Hier, in diesem Augenblick, war er nur für sie da, alles andere war unwichtig. Seine Arme zu fühlen, in seinen Haaren zu wühlen, das alles reichte ihr.

Seine Hände tasteten über ihren Hintern, er suchte, wollte erfühlen, ob irgendetwas unter ihrem Rock war. Er schien nicht ganz so geschickt wie sie zu sein. Trug sie etwa eine Strumpfhose? Es wirkte so, er war irritiert und doch erinnerte er sich, dass sie öfter erwähnt hatte, nie auf Unterwäsche zu verzichten.

Aufseufzend schaute er sie an und sagte leise: „Musste es eine Strumpfhose sein?“

Sie lachte erleichtert, nahm seine Hand und schob sie unter ihren Rock.

Er fühlte ihre weiches, warmes Fleisch und sofort wurde sein Schwanz hart.

Er hatte verloren ... Schon wieder ... Sie hatte keinen Slip an.

Sie lachte leise und griff nach seinem Arm. Sie zog ihn ein Stück den Weg hinauf und er sah Bruchstücke einer alten Mauer.

Was hatte sie vor?

An der Mauer angekommen setzte sie sich darauf. Langsam schob sie ihren Rock hoch und lehnte sich zurück. Dann spreizte sie ihre Beine und stemmte die Füße seitlich auf die Mauer. Sie schaute ihn auffordernd an und lächelte. Er blickte auf ihre glatt rasierte Spalte, die feucht schimmerte.

Gott, hatte er jemals eine Frau kennengelernt, die so geil war? So geil auf ihn? Passierte das jedem einmal im Leben?

Langsam fuhr sie sich mit dem Finger in ihre Mitte und schob ihm dann den Finger in den Mund.

„Leck mich", flüsterte sie.

Das musste sie ihm nicht zweimal sagen. Er ging in die Knie und beugte sich zwischen ihre weit geöffneten Schenkel, griff um ihre Hüften und schob den Rock noch weiter hoch. Ihre Hände wühlten in seinem Haar und zogen seinen Kopf ran.

Sie roch nach Blumen, dachte er verwundert.

Sie stöhnte leise seinen Namen und er fühlte seinen Schwanz fast schmerzhaft. Seine Zunge schob sich in die Nässe. Sie schmeckte salzig und sanft leckte er durch den

Spalt bis zur Mitte. Er saugte und sie stöhnte wieder seinen Namen. Das geilte ihn auf.

„So, genau so.“ Sie stöhnte und bewegte ihr Becken hoch und runter.

Er hielt sie fest und schob ihr mit der anderen Hand langsam zwei Finger rein. Sie bäumte sich auf und kam mit einem Aufschrei seines Namens.

Viel zu schnell, fand er. Er hatte gerade angefangen, die Situation zu genießen. Er hielt sie fest und küsste die weiche Haut weiter.

So genau hatte sie es sich vorgestellt. Der Höhepunkt war wie ein Feuer durch ihren Körper gerast, das alles verzehrte. Sie hatte einen kurzen Moment vergessen, wo sie war, und die harte Mauer brachte sie zurück in die Realität.

Er wischte sich sein Gesicht am Ärmel ab und nahm sie in die Arme. Sie griff mit einer Hand suchend zwischen seine Beine und fand seinen Schwanz. Er gab einen kehligen Laut von sich, als sie zudrückte, und kam, ohne dass er etwas daran ändern konnte.

Verwundert über seine eigene Gier, dass es so schnell passierte, schnappte er nach Luft. Das Gefühl der Erleichterung nahm ihm den Atem, als er spürte wie der Druck in ihm nachließ. Das, was hier passierte, war doch nicht von dieser Welt, dachte er. Es fühlte sich seltsam an.

Was hatte sie nur an sich, das ihn immer wieder so aufgeilte, dass er alles andere um sich herum vergaß?

Er hoffte, dass es ihr genau so ging und sie genau wie er empfand.

Kapitel 3

Die Überraschung

Die Tage zogen sich endlos lang dahin.

Doch hatten sie ja nun beide ein Leben abseits der Erotik und des Sex. Wie seltsam es doch war, dass jeder seinen eigenen Weg gegangen war und sich doch alles wieder irgendwie gefunden hatte. Jeden Morgen aufs Neue freute sie sich über ein „Guten Morgen“ oder zum Abend ein „Gute Nacht“ von ihm.

So hatte sie das Gefühl, dass er an sie dachte und sie ihm etwas bedeutete. Seine Frage täglich, ob alles gut bei ihr sei, war ihr wichtig. Für sie war es wichtig, dass sie etwas Alltag mit ihm teilen konnte. Nicht nur der Sex war entscheidend, sondern der Gedankenaustausch. Seine Meinung war ihr wichtig geworden.

Manchmal fragte sie sich, wie sie all die Jahre ohne seine Freundschaft ausgekommen war.

Als er eine Woche nach ihrem Spaziergang anrief, war sie erstaunt. Das tat er selten. Sie freute sich, seine Stimme zu hören.

„Morgen, 13:00 Uhr, ich schicke dir eine Adresse, sei pünktlich!“ Er legte auf.

Das war gar nicht seine Art. Spontanität war nicht eine seiner Stärken, schon früher nicht. Bei ihm brauchte alles minutiöse Planung in seinem Leben, hatte sie manchmal das Gefühl.

Sie war etwas verstört. Hatte sie einen Fehler begangen? Hatte sie ihm zu sehr vertraut?

Seltsam ... nach endlosem Terminieren, um sich den

nächsten Tag freizuhalten, überlegte sie fieberhaft, was er vorhaben könnte.

Sie ging früh zu Bett, aber konnte nicht einschlafen. Was hatte er vor?

Er antwortete nicht im Chat, was sie unruhig träumen ließ. Sie wälzte sich im Bett hin und her und hatte eine sehr unruhige Nacht. Nach endlosen wirren Gedanken und Träumen war die Nacht endlich vorbei.

Es war ein kühler Oktobermorgen. Die Sonne schien am wolkenlosen Himmel, aber sie fühlte sich müde und ruhelos. Sie vertrödelte den Morgen bis in den Vormittag hinein und ging sich kalt duschen.

Beim Haare trocknen fühlte sie wieder diese Aufregung, die sie immer überkam, wenn sie wusste, der Zeitpunkt, ihn zu sehen, war nah.

Sie steckte ihre Haare zurück und machte nicht viel Aufhebens mit ihrem Styling. Eincremen, ein Duft und Lipgloss würden reichen. Ein Spitzenbody, der mehr zeigte als er verbarg, war perfekt für drunter. Sie wusste, dass er ausgefallene Dessous mochte, also warum nicht seinen Vorlieben nachgeben?

Sie verschwendete keine Zeit für ihre Garderobenwahl. Sweatshirt, Leggings und Turnschuhe mussten reichen. Er hatte keine Wünsche geäußert oder ihr einen Tipp gegeben.

Außer einem „Guten Morgen“ war heute nichts gesagt worden. Das steigerte ihre Ungewissheit und sie wurde ein wenig ängstlich. Was plante er, wollte er sie mit irgendetwas überraschen? Weiß Gott, er war kein Romantiker, nie gewesen. Hatte er auch noch eine Seite an sich, die ihr gänzlich fremd war?

Sie war gespannt und wie immer erregt, wenn sie auf dem

Weg zu ihm war. Nervös fuhr sie los.

Es war für sie eine Fahrt ins Ungewisse.

Im Dunkeln sitzend blickte er auf die Kulisse, die er für sein Spiel mit ihr arrangiert hatte. Es wirkte perfekt auf ihn. Ob es ihr gefallen würde, dass er für sie etwas inszeniert hatte? Er wollte mal etwas wagen, aus seinem alten Verhaltensmuster ausbrechen. Auch er hatte Fantasien, die es sich auszuleben lohnten. Alles langsam angehen lassen, sagte er bei sich. Sie regte seine Fantasie an wie keine zweite Frau, die er kannte.

Mit ihr wollte er verrückte Dinge tun und er wusste, sie würde ihn nicht seltsam ansehen, sondern neugierig mit ihm auf Entdeckungsreise gehen. Das hatte er auch in ihrer Jugend schon so empfunden. Sie war in Bezug auf ihn so vertrauensvoll und immer bereit für alle neuen Ideen.

Seine Erregung stieg, je näher die Uhr auf eins zurückte.

Um zehn vor eins schickte er ihr eine Nachricht.

Zimmer 24.

Dann setzte er sich bequemer hin und wartete auf sie.

Als sie am genannten Ort eintraf, traute sie ihren Augen kaum. Ein kleines Luxushotel auf einer Anhöhe in traumhafter Landschaft. Das Wäldchen dahinter wirkte wie aus einer Märchenwelt entsprungen. Vögel zwitscherten und irgendwo im Hintergrund rauschte Wasser.

Sie schaute um sich und fühlte sich unsicher. Das war nicht ihre Welt, eher seine, in der er sich wohl fühlte. Aber sie würde schon sehen, was er vorhatte, er würde nichts tun, was ihr missfiel, da war sie sich sicher.

Aber egal, nun war sie hier und gespannt, was er vorhatte.

Sie parkte den Wagen und schaute auf ihr Telefon. Nur eine kurze Nachricht.

Zimmer 24.

Das war gelungen, damit hatte sie nicht gerechnet.

Beim Aussteigen zupfte sie ihren Sweater zurecht und ordnete ihre Locken, fragte sich, ob sie etwas anderes hätte anziehen sollen. Nun war es zu spät.

Sie fühlte sich schlecht vorbereitet auf das, was nun kommen sollte.

Sie atmete tief durch und ging über den Marmorplattenweg auf den Eingang zu. Die Platten waren glatt unter ihren Sohlen und sie trat vorsichtig auf. Einen verstauchten Fuß konnte sie nun gar nicht brauchen. Ihre Beine waren etwas wackelig, doch die Vorfreude, ihn gleich zu sehen, beherrschte ihre Gedanken. Sie lächelte, als sie durch die große Glastür trat.

Im Foyer herrschte reges Treiben, sodass sie unbemerkt zum Aufzug kam.

Zweite Etage ...

Ihre Knie zitterten, als sie den Fahrstuhl verließ. Langsam ging sie über den weichen Teppich, der jedes Geräusch verschluckte, den Gang entlang.

Zimmer 20 ... 22 ... 24 ...

Die Tür war nur angelehnt, Dunkelheit umfing sie.

Sie trat leise ein und schloss mit einem Klicken den Riegel der Tür. Mit dem Rücken zum Zimmer stehend, atmete sie tief durch und drehte sich um. Suchend ging ihr Blick den Raum umher. Langsam gewöhnten sich ihre Augen an das Licht.

Es war weich und alles wirkte warm, im Halbdunkel.

Er saß in der Zimmerecke in einem Sessel und schaute sie wortlos an. Sie sah jetzt wieder, wie eindrucksvoll er auf sie wirkte, wenn er so ruhig dasaß. Seine Arme waren verschränkt, er wirkte kühl, beherrscht und distanziert.

Was hatte er mit ihr vor? Sie fühlte einen Anflug von Angst.

Nervöses Schütteln ihrer Haare, Zupfen am Saum ihres Oberteils. Die Anspannung löste sich nicht.

Ein bisschen lockerer nur, dachte sie, sie würde von der Anspannung noch einen Krampf bekommen. Innerlich verfluchte sie sich selbst, dass er diese Wirkung auf sie hatte.

Jetzt konnte sie den ganzen Raum betrachten. Verwundert blickte sie um sich. Ein großes Bett mit glänzenden Laken in der Raummitte, Spiegel unter der Decke, die im Licht glitzerten. Kerzenleuchter flackerten verteilt im Zimmer und erzeugten Schattenspiele. Ein süßer Duft lag in der Luft und im Hintergrund spielte leise Musik. Diese romantische Seite an ihm hatte sie nie kennengelernt. Sie hatte ihn falsch eingeschätzt, dieses Arrangement überraschte und beeindruckte sie zugleich.

„Zieh dich aus und leg dich auf das Bett!“ Er sprach leise und autoritär.

Sie hatte immer Respekt vor ihm gehabt, seine Tonlage duldete keinen Widerspruch. Das kannte sie aus ihrer Jugendzeit. Was hatte er mit ihr vor?

Sie zögerte ... Wollte sie das was jetzt kam?

Aber sie vertraute ihm, er war vielleicht der einzige Mann, in ihrem Leben, bei dem es so war.

„Mach ...“

Sie tat wie befohlen, bis auf den Body. Den behielt sie an.

Langsam legte sie sich in die kühlen, seidigen Laken und hielt die Luft an. Ängstlich ausharrend lag sie steif da, seine Stimme wurde sanfter.

„Es passiert nichts, was du nicht willst."

Sie versuchte sich zu entspannen in der Hoffnung, dass er gleich zu ihr kommen würde. Sie wollte ihn spüren und umarmen, sich in diesem Bett mit ihm in den seidigen Laken wälzen und seine Lust auf sie auskosten.

Er schaute sie an, wie sie wie ein verschrecktes Kaninchen dort lag. Es fing an, ihm Spaß zu machen, und er fühlte, wie sein Schwanz anschwoll. Das hier war nach seinem Geschmack.

Er visualisierte gerne, war ein Mensch dem Zuschauen Spaß machte. In der Hoffnung, dass sie verstand, was er von ihr wollte, sagte er leise: „Fass dich an und schau dabei in den Spiegel ..."

Er spürte durch den Raum, dass eine Welle der Erregung durch ihren Körper lief. Hatte er es doch gewusst, sie verstand ihn, es gefiel ihr.

Sie berührte ihre herrlichen Titten, erst zaghaft, dann heftiger. Schob ihre Wäsche an die Seite, sodass er besser sehen konnte. Dabei starrte sie ihr Spiegelbild an der Decke an. Er konnte sehen, wie ihre Nippel hart wurden und hörte ihren Atem.

Jetzt hatte er sie. Die Hoffnung, dass es ihr Spaß machte, war keine Frage mehr. Sie war ohne Zweifel geil, er würde sie schon zur Weißglut treiben heute. Sie würde sich nach seinem Körper sehnen, wie nie zuvor. Diesmal würde er den Ton angeben.

Sein Schwanz war jetzt richtig hart.

Sie stöhnte und wand sich auf dem Bett, hatte den Spitzenbody an die Seite gezogen, damit er alles genau sehen konnte. Sie machte das gut, er hatte sich schon gedacht, dass sie seine Lust gerne anheizen würde. Aber dass sie so scharf war, damit hatte er nicht gerechnet.

Sie rekelte sich verführerisch in den Laken für ihn und seine Atmung wurde schneller. Ihre Haut wirkte golden und glänzte im Licht.

Eine Hand war in ihrem Schritt, die andere an den Titten. Sie war jetzt richtig geil und er konnte sehen, dass es ihr Spaß machte, mit sich selbst zu spielen. Sie stöhnte seinen Namen, weil sie genau wusste, dass ihn das anmachte.

Er beugte sich vor, um besser sehen zu können, genoss den Anblick ihres immer geiler werdenden Körpers. Ihre Schenkel waren weit gespreizt und sie schien völlig vergessen zu haben, dass er mit im Raum war, ihre Bewegungen wurden unruhiger und hektischer.

„Stopp."

Sein herrischer Tonfall ließ sie abrupt aufhören.

Sie war kurz vorm Höhepunkt und ihr Atem ging stoßweise. Ihr Unterleib zuckte, ihre Nippel waren steif und er konnte sehen, wie nass sie war.

Ihre Beine waren noch immer weit gespreizt und er hatte große Lust, sie einfach nur zu ficken, bis sie kommen würde.

Er beherrschte sich und nahm einen tiefen Atemzug, um sich zu beruhigen, langsam stand er auf.

Das wäre zu einfach, genossen sie nicht beide die Situation?

Er wollte, dass sie ihn anbettelte. Egal, wie lange es dauerte. Jeden Zentimeter ihres Körpers wollte er in Erregung versetzen. Sie sollte das Gefühl kennenlernen, es nicht mehr auszuhalten ohne seinen Schwanz. Er ging zum Bett und knöpfte Hemd und Hose auf, warf beides achtlos auf den Boden. Langsam setzte er sich nackt neben sie und betrachtete ihren gespannten Körper. Sie bog sich ihm entgegen, in ihrem Blick sah er, dass sie ihn wollte. Mit den Fingerspitzen schob er eine feuchte Haarlocke von ihrer Stirn nach hinten.

Er schaute in ihr Gesicht. Der Mund rosig, glänzend und leicht geöffnet. Er konnte ihre Zungenspitze sehen, zwischen den weißen Zähnen. Die Haut zart und seidig, glänzend im Kerzenschein. Ihre Augen glasig, die Pupillen weit.

Sie wollte kommen, das wusste er. Aber sein Blick sagte ihr: Jetzt noch nicht. Sie würde sich noch gedulden müssen, er wollte sie weiter anschauen und sich ausmalen, wie er gleich auf ihren Wunsch eingehen würde. Das Hinauszögern war etwas, was ihn aufheizte und ihm Spaß machte.

Sie fühlte das Pochen in ihrem Becken und wusste, wenn sie jetzt die Hand auf ihren Schritt presste, würde sie sofort kommen. Sie war so erregt wie noch nie und seine Augen, die sie verschlangen machten es noch schlimmer. Sie versuchte sich zu beruhigen, zu entspannen.

Er zog ihr den Body aus und griff unter das zweite Kopfkissen. Sein Blick war streng und sie wagte nicht, ihn zu berühren oder sich zu bewegen.

Er zog eine pinke, langstielige Rose hervor und begann mit der Blüte die Konturen ihres Körpers nachzuziehen. Langsam an den Hüften entlang, hoch zu den Brüsten, wo er mit der Blüte spielte. Es tat fast weh, so steif waren ihre Brustwarzen.

Sie stöhnte ... Er lachte leise und ihr Körper wölbte sich den Blättern der Blüte entgegen. Er hatte jetzt die Fäden in der Hand, er wollte wie eine Marionette mit ihr spielen. Runter zu den Schenkeln, dann mit der Blüte sanft über den Hügel bis hin zu der feuchten Mitte des weichen Zentrums. Dort ließ er die Blätter langsam durch die Nässe streicheln. Er bewegte die Rose im Kreis und hörte, wie sie wieder seinen Namen stöhnte. Sie kreiste mit ihrem Becken mit, er spürte die Macht, die er jetzt über sie hatte.

Jetzt endlich stöhnte sie auf und leise hörte er die Worte aus ihrem Mund: „Bitte, ich will dich in mir spüren!“

Das war es, was er hören wollte, aber er konnte ihr noch nicht geben, was sie wollte. Er musste runterkommen, sonst würde das ein kurzes Gastspiel.

Es fühlte sich so an, als wenn er spritzen müsste, wenn er nur in die Nähe ihrer nassen Lust kommen würde. Also wollte er sie noch ein bisschen quälen und das Feuer in ihr noch weiter schüren. Er stützte sich mit den Armen auf ihre Hände, sodass sie bewegungslos unter ihm lag. Er legte sich zwischen ihre weit offenen Schenkel und begann mit der Hüfte Druck auszuüben.

Ihr Gesicht war fiebrig, ihre Lippen waren geöffnet. Sie schrie auf vor Lust und rief immer wieder seinen Namen. Ihre Hände versuchten sich frei zu kämpfen und sie wand sich stöhnend unter ihm.

Lange würde er sich nicht mehr beherrschen können, er wollte einfach nur noch Erleichterung und gemeinsam mit ihr den Höhepunkt erleben. Ihre heiße Nässe um seinen Schwanz fühlen.

Er legte seine Hand auf ihren Mund und drang hart in sie ein. Endlich, fünf harte Stöße und er kam mit einem Aufschrei ihres Namens. Zeitgleich spürte er, wie sie sich ihm entgegen bog und wie ihr Becken bebte. Gemeinsam erlebten sie den Gipfel der Lust, der in Wogen schwächer wurde.

Er schaute in ihr Gesicht und empfand in dem Moment eine Welle der Zärtlichkeit für diese Frau. Ihr Körper schaffte es immer wieder, ihn in Erstaunen zu versetzen.

Nass geschwitzt und erschöpft, schlief sie in seinen Armen ein

Er betrachtete sie neben sich, strich ihr die feuchten Locken aus dem Gesicht und fühlte ihren weichen Körper. Sie war nicht alltäglich, das hatte er damals schon gefühlt. Es gab nicht viele Frauen, die ihr in seinen Augen das Wasser reichen konnten.

Er hörte ihren ruhigen Atem und entspannte sich bei völliger Stille im Raum. Die Ruhe, die er in sich spürte, hatte er schon lange nicht mehr gefühlt. Wenn sie ihn ansah, spürte er ihren Respekt und ihr grenzenloses Vertrauen in ihn. Er fragte sich, ob er ihre Empfindungen verdient hatte. Aber im Moment reichte ihm das, was sie hatten.

Mit tiefster Befriedigung fiel er in einen traumlosen Schlaf.

Die Tage danach ...

Jedes ihrer Treffen hatte mit Sex geendet. Sie war etwas verstört darüber, was er in ihr auslöste. Wenn er bei ihr war, vergaß sie alle Bedenken. Sein Gesicht mit diesen blauen Augen, in denen es immer blitzte. Der große, breite, trainierte Körper, seine schönen Hände, die sie in nie gekannte Begierden trieben. Sein kühles, sicheres Auftreten imponierten ihr.

Würde sie geradewegs in ihr Verderben laufen? Eine Affäre mit einem verheirateten Mann, selbst in einer Ehe gefangen, in der sie nicht mehr sein wollte. Und sich nun auch noch verlieben?

Sie wollte das alles nicht wahrhaben.

Es konnte nicht sein.

Nicht mehr in ihrem Alter.

Sie war keine zwanzig mehr, um sich Hals über Kopf zu verlieben. Der Sex mit ihm hatte so etwas wie einen Suchtfaktor und nur bei dem Gedanken an ihn spürte sie dieses Ziehen der Sehnsucht in sich und ein Kribbeln im Unterleib. Er machte sie scharf wie kein anderer. Schon der Gedanke an seinen Körper, nackt auf ihrem, ließ sie feucht werden.

Nahm man alles intensiver wahr, wenn man nicht mehr die Pubertätshormone in sich hatte?

Sie hatte immer gedacht, die erste Liebe wäre die Schlimmste, aber dennoch empfand sie nun genauso stark wie mit 18 oder 19 Jahren. Es musste an ihm liegen, ihre Fantasie, was ihn betraf, bekam Flügel, kannte keine Grenzen. Nahm das denn nie ein Ende?

Sie wünschte sich manchmal, dass sie so abgeklärt und kühl wäre wie er. Beherrscht, ruhig, undurchschaubar und jeder Situation gewachsen.

Was er wohl gerade machte? Dachte er auch an sie?

Sie versuchte, die Gedanken daran wegzuwischen, nicht an sein Gesicht, seine Haut oder seine Hände zu denken. Es gab schließlich ein Leben zu meistern, das nicht immer einfach war.

Und doch blieb er immer in ihrem Hinterkopf und ihre Sehnsucht nach ihm wurde mit jeder Stunde, jedem Tag heftiger. Das konnte sie fühlen.

Manchmal wachte sie nachts mit dem Gefühl auf, er wäre nicht mehr in ihrem Leben. Allein die Vorstellung trieb ihr Tränen in die Augen und ein schmerzvolles Ziehen machte sich in ihrer Brust bemerkbar.

Sie musste eine Lösung finden über kurz oder lang ...

Irgendwie wurde sie das Gefühl nicht los, dass ihre Lust auf ihn ihr irgendwann zum Verhängnis werden würde.

Sie beschloss einkaufen zu gehen, das lenkt ab, dachte sie bei sich. Ein Anruf bei ihrer besten Freundin und sie machte sich auf den Weg in die Innenstadt. Einen schönen Nachmittag konnte sie jetzt gebrauchen.

Es war voll auf den Straßen und sie hörte laute Musik. Ihre Stimmung stieg, die Gefühle ließen sich mal beiseite schieben. Er beherrschte ihre Gedanken, das durfte nicht sein.

Endlich im Parkhaus, ging sie leichtfüßig und gut gelaunt zum Treffpunkt mit ihrer Freundin. Das hier würde sie schon auf bessere Gedanken bringen. Einkaufen mit ihrer Freundin würde Spaß machen und Abwechslung in ihren Alltag bringen. Es war schön, mit ihr Zeit zu verbringen. Sie gehörte zu ihren engsten Vertrauten und schaffte es immer, alle auf den Boden der Tatsachen zurückzubringen. Die klare Sichtweise ihrer Freundin würde sie selbst schon in die Realität holen.

Freudig umarmte sie ihre liebste Vertraute und sogleich stürzten sie sich beide ins Geschäftsgetümmel. Sie hatten sich immer etwas zu erzählen und es gab immer Neuigkeiten aus ihrer beider Leben zu berichten. Lachend und fröhlich stöberten sie sich durch die Wäscheabteilung des großen Kaufhauses. Diese oder Jenes an zu probieren, hellte ihre Stimmung immens auf.

Plötzlich sah sie ihn an der Kasse stehen. Mit dem Rücken zu ihnen bemerkte er sie nicht. Sie schnappte nach Luft. Was tat er hier?

Ihre Freundin sah sie fragend an, griff nach ihrer Hand. Sie nickte mit dem Kopf in seine Richtung.

„Geh hin“, sagte ihre Freundin leise.

Langsam schritt sie auf ihn zu und berührte seinen Rücken. Er drehte sich um, erst Überraschung, dann Freude in seinen Augen, zog sie an die Seite der Warenständer und küsste sie flüchtig. Ehe sie sich versah, zog er sie mit sich in eine der Umkleidekabinen und schloss den Vorhang.

Er setzte sich auf den Hocker und zog sie auf seinen Schoß. Seine Hände schoben sich unter ihr Shirt und sein Mund suchte ihre Lippen. Er küsste sie mit einer Heftigkeit, dass es fast weh tat. Sanft streichelte er über ihren nackten Rücken und wühlte in ihren Haaren. Sie fühlte seine Erregung in ihrem Schoß. Er wollte doch wohl nicht hier in der Umkleidekabine …? Seine Hände fingerten an ihrer Wäsche und sie fragte sich, ob er allen Ernstes mitten im Kaufhaus mit ihr vögeln, wollte?

Mit geschlossenen Augen versuchte sie die Kaufhausgeräusche auszublenden …

Plötzlich hörte er auf und schob sie von sich weg ...

Er verließ hastig die Umkleide und drehte sich noch einmal um. Sein Blick war traurig und seine Stimme leise. „Du fehlst mir!“ Dann war er weg.

Ihre Freundin stand wartend etwas abseits und war erstaunt über den Stimmungswechsel. Sie musste hier raus, sofort. Irgendetwas fühlte sich anders an.

Er hatte es gesagt. Er hatte gesagt, du fehlst mir. Oder

hatte sie sich das eingebildet?

War sie so glücklich über das kurze, zufällige Zusammentreffen, dass sie schon Wahn- oder Wunschvorstellungen hatte? Ihre Freundin versuchte sie zu beruhigen, aber sie wollte nur noch raus aus der Menschenmenge und sich zuhause einigeln. Niemanden sehen und noch einmal die Situation durchleben, sich immer wieder fragen: Hatte er es wirklich gesagt? Sie fühlte sich wie eine Verrückte.

Dass er es schaffte, sie so aus der Fassung zu bringen, beunruhigte sie zutiefst.

Kapitel 4

14 Tage später

Eine Auszeit von ein paar Tagen wäre eine gute Möglichkeit, all das hinter sich zu lassen. Es fühlte sich wie eine Flucht aus ihrer Welt an. Sie wollte an die Küste fahren und den Wind, die Luft und die Kraft des Meeres genießen.

Sie liebte die Naturgewalt am Wasser, fand immer Mut und Energie in der Gewalt der Wellen. Das würde ihren Kopf hoffentlich endlich freibekommen und sie könnte die Situation mit etwas mehr Abstand betrachten. Es wurde Zeit, wieder etwas Normalität in ihr Leben zurück zu bringen. Zu sich selbst finden und ihn für ein paar Tage aus ihrem Kopf bekommen. Gesagt, getan, etwas Organisation und zwei Tage später war sie unterwegs.

Er hatte nicht viel gefragt, als sie ihm gesagt hatte, sie wäre für ein paar Tage außer Landes.

Es war ruhig geworden um ihn, auch die Chatzeiten waren kürzer geworden. Zog er sich schon von ihr zurück? War er ihrer schon überdrüssig? Hatte sie etwas falsch gedeutet oder gar falsch gemacht?

Das alles hämmerte in ihrem Kopf, es wurde höchste Zeit, dem ein Ende zu setzen. Wieder ihre eigenen Ziele und Gedanken verfolgen.

Lange hatte sie sich nicht mehr so verletzlich gefühlt. Was hatte sie sich nur dabei gedacht, ihn so in ihre Seele zu lassen? Er konnte in ihr wie in einem offenen Buch lesen, sie selbst wusste nichts über seine Gedanken oder Empfindungen. Er sprach selten über die Dinge, die ihn beschäftigten, oder seinen Alltag bestimmten.

Das machte sie vollkommen verrückt und die ganze Fahrt lang war sie in grüblerischer Stimmung, den Tränen nahe.

Ihre Idee, sich aus allem rauszuziehen, war also perfekt.

Sie konnte etwas Abwechslung gebrauchen und die Ruhe würde ihr mit Sicherheit guttun. In ihren Augen tat sie das Richtige, auch wenn es eine Flucht vor Entscheidungen war. Das waren Gedanken, die sie einfach mal loswerden musste, um zur Ruhe zu kommen.

Am Ziel angekommen bezog sie das kleine Ferienhaus in Strandnähe. Nachdem sie sich umgezogen hatte, gönnte sie sich einen ausgiebigen Strandlauf, es war stürmisch. Aber das Wetter machte ihr nichts aus, passte bestens zu ihrer Stimmung.

Zu dieser Jahreszeit war es menschenleer hier. Auch wenn die Temperaturen noch mild waren, wehte ein eisiger Wind vom Wasser her. Die Wolken rasten über den Himmel und die tosende Brandung rauschte in ihren Ohren.

Den Wind im Gesicht, den Sand unter den Füßen zu spüren, gab ihr ein bisschen das Gefühl der Sorglosigkeit.

Das Wasser umspülte ihre Fußknöchel und sie hoffte, dass die Wellen, die sich vor und zurück zogen, ein bisschen ihrer wehmütigen Gefühle mitnehmen würden.

Salzig schmeckte sie die Tränen auf dem Gesicht. Was eine verfahrene Situation, in die sie sich da hineinmanövriert hatte.

Niemals hätte sie auch nur im Ansatz gedacht, dass es sie so hart treffen würde, ohne ihn zu sein. Könnte die See doch auch all ihre Gefühle fortspülen, dann wäre alles gut, sie könnte aufatmen und weitermachen.

Lange stand sie da und starrte in die tosende Brandung und erhoffte sich Linderung ihrer wunden Seele ...

Am dritten Tag ihrer kleinen Reise entschied sie, abends auszugehen. Sie hatte zwar nicht die richtige Kleidung dabei, aber Jeans und Turnschuhe taten es auch, um sich mal den Frust von der Seele zu tanzen. Ein Ort weiter sollte ein toller Club sein, der war für ihre Zwecke genau richtig.

Sie hatte sich morgens mit ihrem Nachbarn darüber unterhalten und über den Tag war die Idee gereift. Mal wieder laute Musik und sich dazu zu bewegen, das half ihr immer. Hier war sie anonym, niemand kannte sie. Hier konnte sie so sein, wie sie war, ohne Rücksicht darauf, dass sie jemand erkennen könnte. Und sie würde sich betrinken können und ein Taxi nach Hause nehmen.

Das war eigentlich nicht ihr Stil, aber vielleicht half es diesmal, alles zu vergessen, was sie bedrückte. Das würde ihr helfen, endlich wieder sie selbst zu sein, um in einen erschöpften Schlaf fallen zu können, ohne sein Gesicht in ihren Träumen zu sehen.

Sie freute sich auf laute Musik und ein paar Longdrinks und das Vergessen, was folgen würde.

Guter Dinge entspannte sie bei einem ausgiebigen Wannenbad, um sich anschließend fertig zu machen, auszugehen.

Er fühlte sich allein.

Allein mit dem Druck, der auf ihm lastete, seinen inneren Dämonen, die nur er kannte. Familie auf der einen Seite, ein stressiger Job auf der anderen. Die Nachteile einer leitenden Position, dachte er seufzend bei sich. Dann noch diese andere Frau, die in seinem Kopf herumspukte. Nachts fühlte er ihre Haut in seinen Träumen und hörte ihre Stimme, wie sie seinen Namen flüsterte. Neben sich die Atemzüge seiner schlafenden Frau und er wünschte sich weit weg. Zu ihr, bei ihr, mit ihr. Ihr Lächeln zu sehen, ihre Hände auf seiner Haut zu fühlen und ihre weichen Lippen zu küssen. Sie zu riechen, zu fühlen und zu schmecken. Ihre Titten in seinen Händen zu halten und sie in den Wahnsinn zu treiben. Ihr den Verstand aus dem Kopf zu vögeln. So geil und gleichzeitig so lebendig hatte er sich schon seit Jahren nicht mehr gefühlt.

Was war es, was er bei ihr suchte und fand?

Verband sie nur die Lust oder war da mehr?

Die Jugend, die jahrelange Freundschaft, das Gefühl der Missverstandenheit im Leben?

Unruhig warf er sich im Bett hin und her ... er musste sie sehen und sie fühlen. Es war über zwei Wochen her, sie hatte ihm gesagt sie gönne sich eine Auszeit, und er hatte nicht weiter gefragt. Das bereute er jetzt, es bedeutete, dass er morgen ein bisschen forschen musste, um herauszufinden, wo sie steckte.

Spürte sie auch diese innerliche Zerrissenheit wie er, die Leere in sich? War sie allein unterwegs und verspürte sie Sehnsucht nach ihm?

Der Entschluss, sie zu suchen und zu finden, sie zu sehen, ließ ihn endlich in einen traumlosen Schlaf fallen.

Am nächsten Morgen fühlte er sich ausgeruht genug, um sein Vorhaben in die Tat umzusetzen. Er würde sie sehen, auch wenn es einige Mühe kosten würde. Das steigerte seine Laune und während er zum Telefon griff, summte er ein Lied vor sich hin.

Er tippte die Nummer ihres Geschäfts ein und wartete auf das Freizeichen. Er würde ihrer Angestellten schon aus der

Nase ziehen, wo sie steckte, ohne dass sie Wind davon bekam. Er wollte sie überraschen, das war ihm schließlich schon einmal gelungen.

Er lächelte, als sich in der Leitung jemand meldete. Um Ausreden nicht verlegen fing er ein langatmiges Gespräch an, er wollte Verwirrung stiften. Das konnte helfen.

Binnen zehn Minuten kannte er den Ort und die Adresse und grinste zufrieden in sich hinein. Das war einfacher, als er gedacht hatte. Er würde mal mit ihr reden, was ihre Angestellte betraf. So konnte jeder zu schnell an ihre Adresse gelangen. Er würde sie wieder überraschen und hoffte, dass sie sich freute, ihn zu sehen.

Sie fuhr langsam in den Nachbarort. Der Club war leer, aber die Getränke gut und die Musik nach ihrem Geschmack. Sie brauchte keine anderen Menschen, nur ein paar Drinks um sich für das Tanzen zu enthemmen.

Sie fühlte sich einsam und allein.

Nach dem dritten Longdrink war ihr alles egal, sie wiegte sich allein auf der Tanzfläche im Takt. Ihre Gedanken wirbelten durcheinander, was dem Alkohol zu verdanken war. Aber die laute Musik ließ alles andere in ihrem Kopf verstummen. Das hatte sie sich gewünscht, einen Moment der inneren Klarheit. Etwas Ruhe in ihrer gequälten Seele. Einen Augenblick, ihre Sehnsucht nach ihm zu vergessen.

Versunken in ihrer eigenen Welt, mit geschlossenen Lidern, gab sie sich ganz den Klängen der Musik hin.

Als zwei Arme sie von hinten umschlangen, wurde sie aus ihrer Versunkenheit gerissen. In Sekundenbruchteilen erkannte sie seinen vertrauten Geruch, seinen Körper und die Art, wie nur er sie hielt. Wie kam er hier her? Woher wusste er, wo er sie finden würde?

Es war egal, sie presste sich an ihn und fühlte seine Lippen auf ihrer Haut im Nacken. Tränen liefen über ihre Wangen, die Erleichterung, ihn hier bei sich zu wissen, raubte ihr die Luft. Sie rieb sich an ihm und spürte schon wieder dieses obsessive Verlangen nach seinem Körper.

Er drehte sie zu sich und küsste sie mit dieser Gier, als wenn er sich nach ihr verzehren würde. Auch ihre Tränen sah er und blickte in ihre dunklen Augen, küsste ihre Wangen. Seine Hände waren überall auf ihr und sie wollte am liebsten hier und jetzt alles von ihm spüren.

Schnell und ohne große Worte fand sie sich am Auto mit ihm wieder. Leidenschaftliche Küsse und seine Hände ließen alles andere vergessen. Seine Wirkung auf sie kam ihr manchmal wie eine Droge vor. Sie kam sich vor wie ein Junkie, der völlig verrückt war nach einem Schuss, nur er war es, der ihr Linderung verschaffte. Seine Küsse, seine Haut, seine Hände, sein Körper halfen, den Entzug zu vergessen.

Die Fahrt in ihre Unterkunft nahm sie nicht wahr. Wie ferngesteuert lenkte sie ihren Wagen durch die dunklen Straßen. Der Kopf völlig leer, bis auf einen Gedanken: Es ist wahr, er ist hier, hier bei mir ...

Am Ferienhaus angekommen, gingen sie Arm in Arm die Auffahrt hoch. Vor der Haustür presste er sie an die Wand, versuchte ihre Bluse zu öffnen. An den Haaren zog er ihren Kopf in den Nacken und leckte ihren Hals entlang. Der Alkohol tat seine Wirkung, sie war enthemmt und aufgeheizt, und einfach gierig, mit ihm zu vögeln. Mit geschlossenen Augen ließ sie sich in die Situation fallen und war wieder wie Wachs in seinen Händen. Sein Mund suchte ihre harten

Nippel und saugte schmerzhaft daran.

Er stieß die Haustür auf und schubste sie in den Flur. Zerrte seinen Pullover und sein Shirt über den Kopf und warf sie achtlos zu Boden. Mit nacktem Oberkörper stand er vor ihr und verschlang sie mit seinen Blicken. Sie lachte kehlig und wand sich aus seinem Griff.

Er zog an ihrer Hose und Bluse gleichzeitig, konnte es nicht erwarten, sie endlich nackt vor sich zu haben. Mit einem Griff hob er ihren Arsch auf den Flurschrank, öffnete seine Hose. Dann hörte sie mit einem scharfen Ratsch ihren Slip reißen. Sie war so geil, dass sie sofort die Beine spreizte.

Sein lautes Stöhnen, als er in sie eindrang, verhallte durch die noch offene Eingangstür in der kalten Nacht. Sie wusste, er war immer ruhig und kühl, aber das waren die Momente, in denen er sich gehen ließ. Wo er nur für sie da war, wo er in ihr war und sie beherrschte.

Sie wollte noch nicht kommen, sie wollte auch nicht, dass er kam. Aber sein harter Schwanz in ihr, seine kühlen Hände auf ihrer heißen Haut, seine Zunge in ihrem Mund trieben sie in nie gekannte Welten.

Er war so weit, sie konnte spüren, dass er nur noch auf sie wartete. Er liebkoste ihre Brustspitzen und spielte mit der Zunge an ihren harten Nippeln. Er wusste, dass sie das mochte, und kannte die Reaktion darauf.

Ihr Stöhnen wurde heftiger und sie zog an seinen Haaren. Sie mochte es etwas härter, er fasste sie auch schon mal grob an. Das heizte sie noch mehr auf.

Als seine Hand in ihren Schritt griff, stöhnte sie seinen Namen. Jetzt wollte sie kommen, es gab kein Zurück mehr.

Ihre Augen waren glasig, der Kopf fiel in den Nacken,

jetzt spürte sie das Ziehen in ihrer Mitte, das die nahende Erlösung ankündigte. Und es war egal, sie hatten noch die ganze Nacht, um es nochmal und nochmal zu tun.

Also schob sie ihm ihr Becken entgegen und überließ sich ganz dem Gefühl des Höhepunkts. Ihr Puls raste und ihr Becken zuckte, sanft biss sie in seinen Hals und schmeckte das Salz seiner Haut.

Sie hörte noch, wie er ihren Namen stöhnte, dann war sie im Rausch ihrer Sinne gefangen.

Kapitel 5

Rückblende: 1984

Das Kennenlernen ...

Sie stand vor dem Kino an der Ecke und wartete auf die Clique. Süße 16 Jahre alt. Die Abendsonne schien mild, es war ein sonniger Abend. Der Film, den sie alle sehen wollten, war erst vor zwei Tagen angelaufen …

Schmale Jeans, ein enges Shirt, was ihre Möpse gut zur Geltung brachte, wie sie fand, eine kurze Jacke nur umgehängt. Hohe Stilettos und hoch toupierte, lange Locken.

Es waren die 80er und sie liebte ihre erwachende Weiblichkeit und den Einstieg in die Welt des Erwachsenwerdens. Sie freute sich auf einen entspannten Kinoabend mit ihren Freunden. Eine bunte Truppe waren sie und jeder kannte den anderen schon länger, meist waren sie so zehn, mal einer mehr, mal einer weniger.

Da kamen sie alle lachend und schwatzend um die Ecke. Eine lustige Gruppe junger Leute, wie man sie überall in den Straßen antraf.

Sie winkte und lachte, so hatte sie sich den Abend vorgestellt. Freunde um sich, denen sie vertraute, sie fühlte sich gut.

Beim Näherkommen entdeckte sie ein unbekanntes Gesicht. Wer war er?

Groß, breite Schultern, dunkelhaarig, ganz gut gebaut. Selbstsicheres Auftreten und ein männlicher Gang. Sein Shirt war eng und sie sah den muskulösen Oberkörper.

Interessiert schaute sie näher hin. Sie war zwar in festen Händen, aber man konnte ja mal schauen, was die Konkurrenz so zu bieten hatte.

Als er näherkam, konnte sie seine Augen sehen. Er hatte Augen, in denen Schalk und Lebendigkeit waren. Das mochte sie bei Männern. Zudem waren die Augen blau, was bei Dunkelhaarigen selten war.

Er stellte sich vor und sie bemerkte sofort, dass er ein loses Mundwerk hatte. Freche Offenheit, manchmal schon zu frech. Er zwinkerte ihr zu, als wenn er bemerkt hatte, dass sie ihn abschätzte und über ihn nachdachte.

Sie drehte sich weg und täuschte Desinteresse vor. Er sollte bloß nicht denken, dass da mehr wäre. Gott bewahre. Spröde Widerspenstigkeit war angesagt, man wollte ja nicht als Schlampe gelten.

Der Abend verlief ruhig und harmonisch, waren sie doch alle irgendwie aufgekratzt und freuten sich auf das freie Wochenende. Nach dem Kino ging man noch ins Pub, um sich bei Cola und Bier über den Film zu unterhalten. Die Stimmung war laut und ausgelassen. Alberne Neckereien wurden ausgetauscht, aber auch Komplimente verteilt, was die Mädchen grinsend hinnahmen.

Der Neuling in der Gruppe zwinkerte ihr gern mal in der Unterhaltung zu und neckte sie wegen ihres Hangs zur Zappeligkeit. Sie versuchte darüber hin wegzuschauen, doch ihr Interesse, ihn näher kennenzulernen, war definitiv geweckt. Er war schon süß.

Sie sprach am nächsten Tag mit ihrer Freundin über ihn, die aber auch nicht viel beisteuern konnte, da sie ihn kaum kannte.

Schade, dachte sie, nahm sich aber vor, Augen und Ohren offenzuhalten, was ihn betraf. Diese blauen Augen wollte sie einfach näher ergründen. Manchmal musste sie mit dem

Feuer spielen. Auf den Gedanken, dass sie sich verbrennen könnte, kam sie nicht.

Es war etwas in seinem Blick gewesen, was sie nicht mehr losließ.

Er kam auf das Kino zu und sah von weitem die Kleine dort stehen. Niedlich war sie, dicke Titten und ein hübsches Gesicht. Das mochte er bei den Mädels, er sah ein zweites Mal hin.

Sie hatte schöne rosige Haut und tiefe, dunkle Augen. Selbstbewusst und gleichzeitig verloren wirkte sie, wie sie da so ganz allein vor dem Kinohauptportal stand. Der Wind zauste ihre langen Locken und sie lachte, während sie ihr Haar hinters Ohr klemmte. Ihre Figur war etwas fülliger, wie es im Moment modern war. Aber ihm gefiel es etwas rundlicher und weiblich.

Als er näher kam, sah er, dass ihr Lächeln süß war und sie ihn musterte. Trotz ihrer hohen Hacken überragte er sie fast um einen Kopf.

Er zwinkerte ihr zu, was sie aber zu ignorieren versuchte. Sie spielte die Unnahbare.

Er fragte in einer ruhigen Minute seinen Freund nach ihr, der aber nur knapp antwortete, dass sie vergeben sei, mehr Information ließ sich ihm nicht entlocken. Machte nichts, er wollte sie trotzdem kennenlernen. Sie hatte irgendetwas an sich, was ihm signalisierte, sie wäre es wert. Wenngleich sie ihm ein bisschen überspannt vorkam. Das mochte wohl an ihrem Freund liegen, der immer für sie sprach. Was fand sie nur an diesem zu klein geratenem Arschloch?

Er war ihm reichlich unsympathisch, zumal er sich erinnerte, dass er dem schon mal eine verpasst hatte. Er war ein unangenehmer, dämlicher Dummschwätzer. Warum haben die nettesten Mädels immer die widerlichsten Typen?, fragte er sich.

Der Abend verlief ruhig, er versuchte immer wieder mal mit ihr ins Gespräch zu kommen, was ihm aber nicht so wirklich gelang. Aber er gab nicht auf und zwinkerte immer wieder in ihre Richtung

Er versuchte auch einen Platz in ihrer Nähe zu ergattern, aber es war viel Publikum in dem kleinen Gastraum.

Der Zeitpunkt, sie näher kennenzulernen, würde schon noch kommen. Er war geduldig und würde eine Gelegenheit abwarten, wenn sie ohne ihren Aufpasser unterwegs war.

Ihr Lächeln war so süß und immer wieder merkte er, dass sie in seine Richtung schaute und versuchte, ihm zu zuhören.

Der Geräuschpegel im Pub war hoch und es war schon schwierig, sein eigenes Wort zu verstehen. Trotzdem versuchte sie ihm zu antworten. Das tat sie eher mit den Händen. Er lachte, versuchte mit der Hand am Ohr ihr zu zeigen, dass er sie nicht hören konnte.

Darüber mussten sie beide lachen und das erste Eis war gebrochen. Die Zeit würde für ihn arbeiten, das wusste er.

Vielleicht war es die Mühe wert, genauer hinzuschauen. Er war sich ziemlich sicher das es so war.

Wochen später ergab sich für ihn die Gelegenheit. Sie war allein, ohne das Arschloch im Pub. Er setzte sich zu ihr und fing eine zwanglose Unterhaltung an. Sie wirkte nervös und unruhig ohne ihren ständigen Aufpasser.

Indem er öfter mal seine Hand auf ihre legte, versuchte er

sie zu beruhigen. Sie sollte sich wohlfühlen in seiner Gegenwart und einfach locker mit ihm plaudern.

Er bemerkte, wie hübsch sie aussah an diesem Abend. Das weiße, enge Top spannte an den Titten und er konnte ihre Nippel darunter sehen. Die Haare locker nach oben stand ihr gut, er sah, dass sie einen schönen, schlanken Hals hatte. Ihr Mund war rosa geschminkt und lud zum Küssen ein, ihr Lächeln süß und verheißungsvoll.

Er mühte sich, dass sein Blick nicht ständig in ihren Ausschnitt glitt. Das war gar nicht so einfach und forderte einiges an Beherrschung von ihm ab.

Aber er wollte hier nicht fantasieren, sondern sie näher kennenlernen. Nach ein paar lustigen Sätzen von ihm wurde sie lockerer und lachte laut über seine Witze. Sie schaute ihm offen ins Gesicht und er merkte wie ehrlich und gutherzig sie war. Weich, emphatisch und gefühlvoll. So schätzte er sie ein. Im Gespräch merkte er schnell, dass sie ein Mensch war, der sich von Gefühlen leiten lässt und immer aus dem Bauch heraus entscheidet.

Er fand das anziehend, auch wenn er gänzlich anders war.

Seine Entscheidungen waren immer gut überlegt und wurden nie aus dem Bauch heraus getroffen. Er war ein Kopfmensch, der manchmal alles fünf Mal durchdachte, bevor er handelte. Er stürmte oftmals einen Schritt voraus, um dann drei Schritte zurückzugehen.

So verschieden waren sie in ihren Charaktereigenschaften, aber gerade das machte es aus, fand er.

Gerne hätte er mal den Arm um sie gelegt, da er sie richtig geil fand und sie den Anschein machte, nichts dagegen zu haben. Aber er begnügte sich damit, dann und wann ihre Hand oder Schulter zu berühren. Ein freundschaftlicher

Knuff in die Seite war auch noch möglich. Ab und zu beugte er sich zu ihr rüber, um ihren Duft wahrzunehmen, sie roch sauber und ganz leicht nach Blumen. Er fand das angenehm und setzte sich neben sie, mit der Ausrede ihr gegenüber, die Tür im Rücken zu haben.

Sie lächelte ihn an und nun konnte er ihre Körperwärme spüren und auch wie zufällig mal mit dem Ellbogen ihre Brust berühren. Was man so alles mit ihr anstellen konnte.

Er stellte sich vor, wie er an ihren großen Titten spielen könnte und sogleich wurde seine Hose eng.

Immer langsam mit den jungen Pferden, mahnte er sich. Sie war ein nettes Mädchen und machte nicht den Eindruck, dass sie leicht zu haben war. Und doch hatte sie etwas, was ihm signalisierte, sie wäre nicht uninteressiert. Es würde sich lohnen ihre Bekanntschaft zu vertiefen. Davon war er überzeugt, in seinen Augen war sie ein tolles Mädchen.

Sie hing an seinen Lippen und lächelte ihn an. Er war cool und gefiel ihr wirklich gut. Er hatte schöne Hände und seine Augen faszinierten sie. Er hatte diese breiten Schultern, an die man sich anlehnen möchte. Dass er Sport trieb, sah man seiner Figur an. Und dieser nette, runde Hintern war auch nicht zu verachten. Als er zur Theke ging um ihr ein Getränk zu holen, starrte sie auf seinen knackigen Arsch. Alles in allem ein toller, junger Mann, der bestimmt seinen Weg im Leben nehmen würde.

Als er zurück zu ihr kam, hoffte sie, dass er nicht bemerkt hatte, dass sie ihn so unverhohlen musterte, und bekam einen roten Kopf.

Seine Unterhaltung war witzig, wenn auch frech. Aber

das mochte sie an ihm. Er berührte sie zwischendurch mal am Arm oder an der Hand, wie unabsichtlich, aber dennoch merkte sie, dass er sie berühren wollte. Eigentlich fand sie es schön, wollte aber auch nicht die falschen Signale setzen für ihn. Aber als er sich umsetzte, weil es an der Tür zu kalt war, spürte sie schon, dass er einfach mehr Nähe zu ihr wollte.

Im Laufe der Unterhaltung war er immer näher gerutscht und sie konnte die Wärme fühlen, die von ihm ausging.

Erstaunt merkte sie, dass es sie erregte. Es knisterte zwischen ihnen, und zwar gewaltig.

Sie war nicht mutig genug, es ihm gleichzutun, begnügte sich mit der körperlichen Nähe zu ihm. Und dennoch schoss es ihr durch den Kopf, wie es wohl wäre, sich in seine starken Arme sinken zu lassen und vor einem Kuss, in diese blauen Augen zu blicken.

Sie wischte die Gedanken daran fort. Das durfte nicht sein, sie mochte ihren Freund, mit dem sie seit über einem Jahr eine Beziehung hatte. So war sie nicht, auch wenn er eine Sünde wert wäre, gestand sie sich ein. Wenn sie solo wäre, dann würde sie sicher nicht nein sagen.

Er war kein Schmeichler, der Komplimente machte, aber sie merkte schon, dass es kribbelte, wenn er sie nur ansah.

Komisch, das kannte sie gar nicht. In ihrer Erziehung, die schon beim Thema Sexualität gehemmt war, hatte sie sich nie Gedanken darüber gemacht, welche Ausmaße das annehmen könnte. Unerfahren und unreif holte man sich die meiste Aufklärung aus Mädchenzeitschriften.

So ein Kribbeln wie bei ihm traf sie völlig unvorbereitet. Sie nahm sich vor, ihn näher kennenzulernen und einfach zu schauen, was die Zeit so mit sich brachte.

Er regte ihre Fantasie an. Immer wenn sie aufeinandertrafen, war die Freude, sich zu sehen, gleichermaßen groß. Ihre Bekanntschaft war zu einer ehrlichen und offenen Freundschaft geworden. Sie fanden immer Themen in der Unterhaltung, die sie gemeinsam hatten. Man konnte mit ihm einfach über alles reden, sie hatte tiefes Vertrauen in ihn und seine Meinung.

Mit 19 Jahren mühte sie sich ab, ihren Führerschein zu machen. Er war es, der sie zwang zu lernen und immer wieder Fragen stellte, damit sie ihre Prüfung bestand.

Gemeinsame Freizeitaktivitäten mit der Clique gehörten zum täglichen Alltag. Es war schön, ihn in ihrer Nähe zu wissen und die Gewissheit zu haben, wenn sie ihn bräuchte, wäre er da für sie.

Das Kribbeln hatte sich verflüchtigt, es gab Momente, wenn sie ihm nah war, wo sie es wieder spürte. Aber Gefühle zu verdrängen hatte sie von klein auf gelernt, sie konnte damit umgehen. Man sah sich nicht täglich und somit hatte sie sich und ihr Seelenleben gut im Griff.

Und so zogen sich Tage, Wochen und Monate dahin. Ihre Freundschaft war intensiver geworden, manchmal fragte sie sich, ob er mehr wäre als nur ein großer Bruder. So fühlte es sich an. Ein großer Bruder oder bester Freund.

Wenn sie sich allein sahen, lag sie in seinen Armen zur Begrüßung, erlaubte sich einen Moment der Schwäche, das Kribbeln zu fühlen und einen Moment zu träumen, wie es wohl wäre, wenn ... Dann musste sie sich zusammenreißen, aber träumen durfte man.

Er selbst sagte immer, die Gedanken sind frei. Mittlerweile hatte er eine Freundin. Aber dennoch hatte er immer Zeit und ein offenes Ohr für sie und ihre mittlerweile auch beträchtlichen Probleme mit ihrem Freund. Immer wieder fragte er sie, warum sie sich das noch antue. Aber es war ihre Entscheidung, wann sie sich von ihrem Freund trennen wollte. Auch wenn er ein besonderer Mensch in ihrem Leben war, auf dessen Meinung sie Wert legte.

Er zog sie gerne auf, wenn sie mit ihren Problemen über ihren Arschloch-Macker, zu ihm kam. Er wollte sie nicht verletzen, verstand jedoch nicht, warum sie nicht endlich einen Schlussstrich zog.

Es wäre an der Zeit, fand er. Seiner Meinung hatte sie schon genug Lebenszeit mit dem Typen verschwendet. Seit er gemerkt hatte, dass sie sich nicht trennen würde, hatte er sich anders orientiert. Sie war ihm wichtig, ihre Freundschaft auch. Aber es hatte halt nicht sein sollen.

Noch immer war es so, dass es in seinem Bauch kribbelte, wenn er sie sah, und es war schön, dass man vertrauter miteinander umging. Wenn sie sich zur Begrüßung in seine Arme schmiegte, versuchte er flüchtig, ihre Titten zu berühren und sein Gesicht in ihren weichen Locken zu vergraben.

Wie wäre es wohl, sie zu küssen und ihre Haut zu fühlen?

Manchmal gönnte er sich etwas Fantasie und malte sich aus, was er mit ihr machen würde, wenn er sie nackt in seinem Bett hätte. Aber das waren Tagträumereien, er war kein Träumer, der irgendetwas groß hinterfragte.

Es ist, wie es ist, dachte er. Wenn es so sein soll, wird es so kommen.

Er wusste, dass sie ihn sehr mochte und sich auf ihn verließ. Er spürte, dass ihre Freundschaft im Moment viel wichtiger war als ein schneller, schlechter Fick. Mehr würde es nicht werden, da er schon zu lange auf sie und ihre

Titten fixiert war. Das wäre schnell vorbei, geisterte sie doch nachts manchmal durch seine Träume.

Wenn er wach wurde, war sein Schwanz hart und er wünschte sich, dass sie neben ihm liegen würde. Dass er sie endlich richtig fühlen könnte.

Obwohl er eine Freundin hatte, die er sehr mochte, geriet sie nie in Vergessenheit. Sie war noch immer etwas Besonderes für ihn. Auch nach vier oder fünf Jahren Freundschaft.

Mittlerweile wohnte sie allein. Der Entschluss, aus dem Elternhaus auszuziehen, war gut gewesen. Lebte sie doch jetzt mit ihrer besten Freundin in einem Haus, in verschiedenen Wohnungen. Endlich erwachsen zu sein und die eigenen vier Wände zu haben, hatten sie selbstbewusster gemacht. Es war schön zu tun, was man wollte, auszugehen und heimzukommen, wann man mochte. Freunde zu Besuch zu haben und nicht mehr auf die Uhr schauen zu müssen, war schön, das gab einem das Gefühl der Eigenständigkeit.

Er gehörte mittlerweile zu ihrem engsten Freundeskreis und man sah sich regelmäßig, einmal in der Woche mindestens. Vertieft in seinen Sport und seine Hobbys, mittlerweile beide nun auch berufstätig. Das schmälerte den Kontakt, der aber trotzdem nie ganz abbrach.

Sie freute sich immer ihn zu sehen und mal kurz, zur Begrüßung, in seinen Armen zu liegen.

Eines späten Mittwochabends im Herbst, sie wollte eigentlich früh zu Bett gehen, schellte es.

Mit einem knappen „Hallo“ betrat er ihre Wohnung.

Sie drückte ihn flüchtig und spürte, dass er eiskalt war.

Sein Sporttraining draußen bei diesen Temperaturen, hatten ihn zum Eisblock werden lassen. Er würde sich eine dicke Erkältung einfangen, wenn er sich nicht schnell wieder aufwärmte.
„Ich lasse dir ein heißes Bad einlaufen“, sagte sie kurz. Mit den Worten drehte sie schon den Wasserhahn auf.

Er zog sich sofort aus und hockte sich frierend in das heiße Wasser. Langsam taute er auf und lächelte sie an.

Sie saß auf dem Toilettendeckel und betrachtete sein Gesicht. „Komm mit rein, es passiert nichts, was du nicht willst“, lachte er.

Verschämt sagte sie lieber nein. Nackt baden mit ihm, das geht nicht gut, dachte sie bei sich. Ihn da ihn ihrer Badewanne sitzen zu sehnen, machte sie an. Beim Anblick seines nackten Körpers hatte sie das Gefühl, ihn berühren zu müssen, es verlangte ihr viel Selbstbeherrschung ab, es nicht zu tun. Sie würde bestimmt schwach werden und ihre Freundschaft gefährden. Was meinte er denn? Dass sie aus Stein wäre? Er müsste doch eigentlich spüren, dass sie gerne mehr von ihm hätte.

Sie mochte ihn als Freund nicht verlieren, aber ihm das einfach zu sagen, war auch keine Option für sie.

Also hockte sie sich auf den Wannenrand zu ihm und begann eine Unterhaltung über ihre Tageserlebnisse. Er genoss sichtlich sein Schaumbad und ihre Gesellschaft. Es war ja nicht so, dass sie nicht gewollt hätte, aber Angst hielt sie davon ab. Angst, dass sich dann alles verändern würde ...

Das Baderitual pendelte sich ein. Fast jede Woche Mittwoch besuchte er sie nach seinem Training. Mittlerweile war das Schaumbad schon fertig eingelassen, wenn er gegen 20 Uhr bei ihr klingelte. Sie wartete schon auf ihn. Er mochte es, bei ihr zu sein, in ihrer Wanne zu liegen und mit ihr während des Badens über Gott und die Welt zu plaudern. Seit fünf Wochen, einmal wöchentlich.

Aber er hatte sie noch nicht überreden können, zu ihm in die Wanne zu steigen. Das wäre seine Chance gewesen, ihr etwas näher zu kommen, zu sehen ob, vielleicht etwas mehr drin wäre als nur Freundschaft.

Manchmal glaubte er zu fühlen, dass sie ihn wollte, aber dann wiederum dachte er, sie sollte sich nicht nur für einen schnellen Fick halten. Dazu fand er das, was sie beide im Moment miteinander teilten, zu schön. Freundschaften wie diese fand man nicht jeden Tag. Er fühlte sich ihr gegenüber ein bisschen verantwortlich, passte gerne auf sie auf. Er wollte nicht, dass sie verletzt wurde oder traurig war. Manchmal, wenn sie mal wieder impulsiv aus dem Bauch heraus gehandelt und Mist gebaut hatte, schimpfte er mit ihr. Hinterher tat es ihm leid, wenn sie kleinlaut und zerknirscht vor ihm stand. Den Kopf gesenkt, Tränen in den Augen.

Aber sie respektierte ihn und seine Meinung. Und er glaubte, dass sie wusste, er sorgte sich um sie. Er hoffte es zumindest, denn manchmal würde er sie gerne übers Knie legen und ihren Hintern versohlen, für ihre Dummheit.

Manchmal war sie einfach zu unbesonnen, oft schon hatte er sich vorgestellt ihr das mit der Hand auf ihren nackten Hintern auszutreiben. Er erwischte sich dabei, dass es in Gedanken immer so endete, dass er sie so richtig durchvögelte.

Aber die Gedanken waren ja zum Glück frei ...

Dann kam der Tag, an dem er so richtig demotiviert und maulend in ihrer Badewanne saß. Was war denn heute bloß los mit ihm, fragte sie sich? So kannte sie ihn gar nicht. Er kam ihr übellaunig und unglücklich vor. Musste ein Scheiß-Tag gewesen sein für ihn, er tat ihr ja schon fast leid.

Schnell holte sie zwei Kerzen, die sie anzündete, und knipste das Deckenlicht aus. Mit zwei Handgriffen steckte sie ihre halblangen Locken hoch, entkleidete sich hastig und stieg mit dem Rücken zu ihm in die Wanne. Ohne viel nachzudenken glitt sie ins heiße Wasser und schob sich zwischen seine Beine. Es kann nicht schaden, dachte sie.

Er war überrascht, zog sie dann aber an sich.

So zwischen seinen Beinen zu liegen in dem heißen Wasser, irgendwie seltsam. Der erste Moment war peinlich.

Aber als er anfing, ihre Schulten mit dem warmen Wasser zu waschen, war es völlig normal und tat gut.

Sie rieb seine Beine unter Wasser und gab sich ganz dem Gefühl hin, ihm so nah zu sein wie noch nie. Seine Haut hier nackt zu spüren, ihn so nah zu fühlen, die ganze Situation kam ihr plötzlich ganz normal vor. Sie fühlte wieder dieses Kribbeln im Bauch, was in ihren Schoß zog und versuchte ruhig zu bleiben. Nur nichts anmerken lassen, mahnte sie sich.

Wie es wohl bei ihm war? War er scharf auf sie oder war es für ihn einfach nur Freundschaft?

Er schwatzte munter über seinen Tag und sie dachte, er ist entweder nicht interessiert oder er hat wirklich Körperbeherrschung.

Sie konnte ihn an ihrem Hintern fühlen und lehnte sich entspannt gegen seine Brust. Ihre Fingerspitzen spielten auf seinen Knien, die aus dem Wasser ragten. Er drückte den Badeschwamm über ihrem Oberkörper aus und sie merkte, dass er gern ihre Brüste berührt hätte. Im Spiegel gegenüber konnte sie sehen, dass er auf ihre steif werdenden Nippel starrte und seine Augen sie verschlangen. Sie wurde unruhig, wollte ihn anfassen.

Als sie sich seitlich umdrehte, um ihn anzuschauen, hielt sie inne. Die Augen geschlossen, hielt er sie abrupt fest, er stöhnte auf und sagte heiser: „Das solltest du jetzt nicht tun!“

Doch nicht so cool, sie verstand schon.

Mittlerweile war ihr auch kochend heiß, ihr Gesicht glühte und ihre Haut, die auf seiner lag, brannte und kribbelte. Das warme Wasser, der prickelnde Schaum, seine weiche glitschige Haut …

Sie schloss die Augen und saß still da, stellte sich vor, wie es wohl wäre, wenn er sie küsste und seine Hände nicht nur ihre Schultern waschen würden, sondern ihren ganzen Körper berühren würden.

Der Gedanke daran ließ sie erschauern und sie wusste in diesem Moment: Sie wollte ihn ... Sie war heiß auf ihn seit ihrer ersten Begegnung, die nun schon ein paar Jahre zurücklag.

Seit sie plötzlich zu ihm in das heiße Wasser gestiegen war, rasten die Gedanken durch seinen Kopf.

Was wäre, wenn?

Er spürte seine Erregung beinahe schmerzhaft. Dass sein Ständer direkt an ihrem Arsch lag, machte es nicht gerade besser. Er versuchte krampfhaft, an etwas anderes, Unverfängliches zu denken. Wenn sie noch mehr herumzappelte, würde er es nicht mehr aufhalten können, er würde kommen, hier mit ihr in der Badewanne. Also an schmutzige Socken oder Kuhscheiße denken. Oder daran, dass sie völlig unattraktiv für ihn war. Uninteressant und hässlich ...

Blöd, irgendwie funktionierte das heute nicht. Und obwohl er einen furchtbaren Tag gehabt hatte und eigentlich übermüdet gewesen war, als er bei ihr ankam, fühlte er sich nun hellwach. Sein Körper hatte geschmerzt von etlichen Sport-Blessuren, davon spürte er jetzt gar nichts mehr. Er fühlte nur seinen rasenden Puls und seinen Schwanz an ihrem Hintern. Warum drehte sie sich nicht einfach um und ließ sich gehen?

Er versuchte den Impuls zu unterdrücken, sie einfach auf seinen knallharten Ständer zu ziehen und sie hier in der Wanne von hinten richtig durchzuficken. Er hatte ihre rosigen, steifen Nippel genau in seinem Blickfeld und fühlte sich wie hypnotisiert. Er wollte die ganze Frau fühlen und erkunden, jede Stelle an ihrem Körper kennenlernen und küssen.

Bildete er sich ein, zu spüren, dass sie ihn wollte? Was, wenn nicht? Ihre Freundschaft wäre für immer zerstört.

Sein Schwanz war so hart, dass er wehtat, und er musste sich beherrschen, nicht einfach über sie herzufallen und alle Bedenken zu vergessen.

Ihr runder, weicher Hintern ließ ihn erahnen, wie geil es sein könnte, sich einfach hemmungslos fallen zu lassen. Ihre wunderbaren, großen Titten in seinen Händen zu halten, an ihren Nippeln zu lutschen, ihre heiße, nasse Spalte mit seinen Fingern und seiner Zunge zu erkunden. Und schließlich irgendwann, nachdem er sich ausgiebig mit ihrem Körper beschäftigt hatte, ihr den Verstand aus dem

Hirn zu vögeln.

Er seufzte, nein, das sollte nicht sein.

Sie gehorchte ihm und saß regungslos vor ihm. Was ihr wohl im Moment so durch den Kopf ging, fragte er sich.

Sie wollte nicht, vielleicht war es auch besser so. Auch wenn er gerne mehr von ihr hätte, aber das, was jetzt hier geschah, würde man nicht mehr ändern können ...

Sie war ihm zu wichtig, als das alles aufs Spiel zu setzen.

Kapitel 6

Die Trennung

Die Tage und Wochen vergingen mit Geplänkel, Streit mit ihrem Freund und der üblichen Freizeitgestaltung.

Langsam war eine Trennung in ihrer Liebesbeziehung vorauszusehen. Immer wieder diese On-off-Mentalität konnte sie einfach nicht mehr akzeptieren. Nichts machte sie ihm recht. Mittlerweile 21 Jahre alt, fand sie ihr Liebesleben mehr als anstrengend. Sechs lange Jahre lang war sie jetzt in dieser Beziehung gefangen und hörte sich täglich an, dass sie nichts taugte.

Aber mit den Jahren war sie reifer und klüger geworden. Diskussionen ging man geschickt aus dem Weg und ihr wurde immer klarer, dass er nicht der Richtige für sie war. Wie ein Klotz am Bein fühlte er sich mittlerweile an.

Mittwoch, das war der Wochentag, den sie liebte. Dann sah sie den einzigen Mann in ihrem Leben, der nicht grundlos an ihr herumnörgelte. Er kritisierte sie auch, oder ihre Handlungen, aber das hatte Hand und Fuß. Er begründete seine Einwände in ihr Tun, hackte nicht einfach grundlos auf ihr herum. Mittlerweile hatte sie bei ihm das Gefühl, er gehöre zu ihrem Leben wie die Luft zum Atmen.

In ruhigen Stunden gestand sie sich ein, dass sie ihn liebte wie einen Bruder. Er war ein besonderer Mensch in ihrem Leben geworden.

Oder war es doch eine andere Art der Liebe? Er zog sie an, auch erotischer Natur. Aber er hatte ihr immer wieder zu verstehen gegeben, dass es keinen Sex geben würde.

Längst hatte sie sich abgefunden mit der Situation. Sie

war sich schon sicher, dass er auch etwas für sie empfand. Eine tiefe Freundschaft war es zumindest, egal, in welcher Klemme sie stecken mochte, er war immer da. Immer ...

Er half, wo er konnte, und hörte sich an, wenn sie über ihre Beziehung oder anderen Stress klagte.

Noch immer badete er Mittwochsabends mit ihr und manchmal wärmten sie sich anschließend gegenseitig im Bett. Einfach nur eng aneinander die Wärme und Haut des anderen zu fühlen und dabei die Themen des Alltags durchzugehen. Das waren Minuten, in denen sie sich wünschte, die Zeit würde stillstehen. Es würde nur noch ihn, seine Haut und das Bett geben. Mit hemmungslosem Sex, endlosen Gesprächen und dem Gefühl, respektiert zu werden. Seine Erregung konnte sie körperlich sehen und fühlen, wenn sie mit ihm badete oder nackt in seinen Armen lag.

Doch hatte sie nie den Mut, ihn so zu berühren, wie es ihr Wunsch war. Er wirkte distanziert und nicht bereit, auf ihre sexuellen Wünsche einzugehen. Wenn er sich anzog, um nach Hause zu fahren, wollte sie immer sagen: Bleib ... ich will mehr von dir ... Ich will dich mit allem, was dazugehört ...

Aber die Angst vor Ablehnung schnürte ihr die Kehle zu. Sie würde es nicht ertragen können, wenn er nein sagte. Nein zu ihr, nein zu einem Uns. Dann wäre alles, was sie miteinander teilten, zu Ende.

Also begnügte sie sich mit ihren Fantasien über ihn.

Wenn er gegangen war, schmiegte sie sich in die Laken und fantasierte seine Hände auf ihren Körper. Wie er sie küsste, sanft und doch leidenschaftlich, sie fühlte seine

Lippen, die über ihren Körper glitten. Seine schönen Hände, die ihre Haut streichelten. Seine Stimme, die mit Begierde ihren Namen sprach. Die ihr kleine versaute Sätze ins Ohr flüsterte. Sie konnte ihn noch in ihrem Bett riechen und das war besser, als nichts von ihm zu haben.

Es waren einsame Momente, in denen sie sich selbst berührte, um einfach nur die sexuelle Energie loszuwerden, die sich aufgebaut hatte. Wenn sie zum Höhepunkt kam, stöhnte sie seinen Namen, und der Wunsch, ihn in sich zu fühlen, war beinahe schmerzhaft. Der Schwur, ihn niemals erfahren zu lassen, was sie für ihn empfand, rückte für einen Moment in weite Ferne.

Doch war immer dieser Gedanke im Hinterkopf, was wäre, wenn sie es versuchen würde? Würde er sie abweisen?

Würde er wirklich sagen, lass das ... ich will das nicht?

Eines Abends reifte in ihr der Entschluss, es irgendwann einfach zu versuchen. Nicht heute, nicht morgen, nicht nächste Woche ... Aber irgendwann einmal, wenn die Situation sich bot, dann würde sie über ihren eigenen Schatten springen und es versuchen.

Nun war es so. Sie war umgezogen und die neue Wohnung hatte nur noch eine Dusche.

In all dem Stress und der Hektik waren seine Besuche seltener geworden. Er fehlte ihr, aber sie wusste, würde sie ihn brauchen, wäre er da.

Es war aber nicht mehr dasselbe. Keine Bade-Rituale mehr auf die sie sich freuen konnte. Seine Haut nicht mehr zu spüren und die Momente der trauten Zweisamkeit im Wasser fehlten ihr. Wenn er neben ihr auf dem Bett lag und mit ihr Fernsehen schaute wollte sie ihm am liebsten seine

Sachen vom Leib reißen.

An einem dieser Abende musste sie aufs Ganze gehen. Er ließ sich nicht ablenken von der Reportage im TV. Sie quengelte und drängelte, versuchte immer wieder, seine Aufmerksamkeit zu erringen. Es war zum Verzweifeln. Wie sollte sie es anstellen, dass er sie beachtete?

Aus lauter Verzweiflung zog sie ihr Shirt aus und setzte sich breitbeinig auf seinen Schoß. Jetzt hatte er ihre nackten Brüste vor der Nase und sie hatte seine volle Aufmerksamkeit.

Er schaute in ihr verzweifeltes Gesicht und zog ihren Kopf zu sich. Dann küsste er sie endlich. Seine Hände glitten über ihre nackte Haut und er drehte sie um und legte sich auf sie. Endlich konnte sie fühlen, dass er sie auch wollte. Seine Hände waren überall auf ihr und sie stöhnte seinen Namen.

Was war heute nur mit ihr los? Warum nörgelte sie und quengelte wie ein Kleinkind?

Seit sie umgezogen war, vermisste er es, mit ihr zu baden. Das machte ihn übellaunig. Hatte er es doch genossen, sie nackt zu sehen und sich vorzustellen, sie überall zu berühren.

Nun hatte sie eine neue Wohnung. Es war noch dasselbe Viertel, in dem sie wohnte. Er besuchte sie immer noch regelmäßig, aber es war nicht mehr dasselbe.

Was sollte er tun? Sie einfach ausziehen und ihr sagen, komm, wir gehen ins Bett? Das brachte er nicht über sich.

Was, wenn sie ihn fragen würde, ob er verrückt geworden wäre? Außerdem war er nicht der Mann der Initiative oder der großen Worte. Das war halt sein Schicksal.

Aber manchmal, wenn er bei ihr war, dann fragte er sich, was wohl passieren würde, wenn er sie einfach küsste? Ob sie ihn wegschubsen würde?

Heute war sie schlecht gelaunt, da sollte er es lieber lassen. Er war so in seine Überlegung vertieft, dass er nicht bemerkte, wie sie ihr Shirt auszog. Plötzlich saß sie auf seinem Schoß und er hatte ihre geilen Titten direkt vor seinem Gesicht. Ihre rosafarbenen Nippel waren knallhart. Er traute seinen Augen nicht. Aber es war tatsächlich wahr.

Sie war warm und weich, roch nach Seife und Flieder. Aufseufzend schlang er seine Arme um sie und suchte ihren süßen Mund. Als sie ihre Lippen öffnete und er mit der Zungenspitze darüberfuhr, schmeckte sie süß und nach mehr.

Endlich ein Kuss ... Endlich ihre Titten und ihre Haut zu spüren. Seine Fingerspitzen spielten mit ihren Brustwarzen und sie rutschte auf seinem Schoß hin und her. Seine Hose drückte, da er eine Latte hatte wie schon lange nicht mehr.

Jetzt war ihm alles egal. Er zerrte ihr die Hose mitsamt dem Slip vom Körper und war schnell aus seinen Sachen. Dann schaute er sie an, dermaßen aufgegeilt, dass er sich zwang, ruhig zu atmen. Sie musste nicht wissen, dass er verrückt nach ihr war.

Langsam küsste er ihren Hals und flüsterte ihren Namen. Seine Zunge fuhr runter und leckte ihre Nippel, während seine Hand ihren Schoß suchte. Sie fühlte sich gut an, weich und nach mehr. Seine Hand glitt runter und fühlte ihre heiße Mitte.

Nur nicht durchdrehen, ruhig bleiben. Sie spreizte die Schenkel für ihn und stöhnte leise. Ihre Hände wühlten in seinem Haar. Langsam schob er seinen Mittelfinger in die

Nässe und biss leicht in ihren Nippel. Sie bäumte ihren Körper auf und ihr Stöhnen wurde lauter. Gott, war sie nass. Das kannte er so gar nicht.

Sie schien genauso geil zu sein wie er.

Sein Schwanz lag an ihrer Hüfte und sie tastete danach, ihre Atmung war hektisch und ihr Unterleib bebte. Er wollte sie lecken, wollte mit der Zunge in ihre heiße, nasse Spalte und sie schmecken. Er drückte ihre Schenkel noch weiter auseinander und griff um ihren Arsch. Schaute auf das weiche, feucht schimmernde Fleisch und leckte vorsichtig darüber.

Sie seufzte auf und kam. Er war völlig geflasht von seiner Wirkung auf sie und hielt ihren zitternden Leib in seinen Armen. Wartete ab, dass der Höhepunkt abebbte, und küsste ihren Hügel dabei. Sie streichelte sein Haar und zog ihn zu sich hoch.

Er unterdrückte den Wunsch, ihr endlich seinen harten Schwanz reinzuschieben, endlich nachzugeben, ohne zu überlegen. Als er sich neben sie legte, berührte sie zaghaft seine Latte. Dann griff sie zu und rutschte runter.

Er schloss die Augen und packte ihren Nacken. Er versuchte, sich zu beherrschen, aber als sie mit der Zunge langsam seinen Schaft entlangleckte, explodierte er.

Seine Hände wühlten in ihrem Haar und er rief ihren Namen, als er in ihrem Mund kam.

Er verabschiedete sich mit einem Kuss.

Sie hatten danach kaum gesprochen. Er fühlte sich gehemmt und irgendwie beschämt. Sie hatte ihn angeschaut mit ihren dunklen Augen und sanft seinen Kuss erwidert. Nur nichts Falsches sagen, schoss es durch seinen Kopf.

Leise verließ er die Wohnung und hatte ein seltsames Gefühl in sich. Ob es ihr auch so ging? War es ein Fehler gewesen? Es war schnell und leise vonstatten gegangen.

Gierig hatten sie sich aufeinander gestürzt und waren beide schnell zum Höhepunkt gekommen. Aber war es das, was er gewollt hatte oder was sie wollte?

Eigentlich hätte er gerne danach mit ihr gefickt, aber irgendwie hatte er sich nicht wohl dabei gefühlt. Sie hatte keinerlei Anstalten gemacht einen zweiten Anlauf zu starten. Da hielt er sich lieber zurück.

Immer war mit ihr alles unklar. Aber ihm war ja selber nicht klar, was er wollte. Er war in einer Beziehung, aber ohne Zweifel war er scharf auf sie. Aber dafür seine jetzige Freundin verletzen, wo er sich nicht sicher war, wohin das alles führte? Das wäre beiden Mädels gegenüber nicht fair. Was tun? Langsam, alles entspannt angehen, dann würde sich alles herauskristallisieren. Und irgendwann wäre es an der Zeit, eine Entscheidung zu treffen. Aber noch nicht jetzt. Der richtige Zeitpunkt würde sich schon finden.

Sie sahen sich über zwei Wochen nicht. In der dritten Woche entschied er spontan, an einem Abend zu ihr zu fahren. Ihr Wagen parkte vor der Haustür und ein Lächeln glitt über sein Gesicht. Sie war zu Hause und er wollte sie einfach in seine Arme nehmen und sie küssen. Egal, was war, seine Fragen an sie und sich selbst waren jetzt unwichtig.

Sie öffnete nach seinem Schellen und er sah die Freude in ihren Augen. Sie sah blass und abgekämpft aus und er spürte, dass er sie vermisst hatte. Jetzt konnte er sie küssen und in seinen Armen halten. So, wie sie sich an ihn presste, dachte er schon wieder daran, sie zu vögeln. Jetzt, gleich hier, im Flur, auf dem Teppich. Er zerrte an ihrem Shirt, was sie mit einem Aufschrei quittierte.

Nun erst sah er, dass sie verdreht dastand. Auf seine Frage hin was los sei, antwortete sie ihm, dass sie sich verhoben hätte.

„No Problem, ich massiere dich, dann geht's dir gleich wieder besser!"

Im Stillen gratulierte er sich zu seiner Idee, dann hatte er sie schon mal nackt auf dem Bett. Es war sein Tag, die Sterne meinten es gut mit ihm, lächelte er in sich hinein. Heute würde er sie ficken und es ihr so besorgen, wie sie es noch nie erlebt hatte. Das stand für ihn fest.

Sie legte sich flach auf den Bauch ins Bett und hatte den Oberkörper frei. Er zog ein wenig die Jeans über ihre Hüften und begann mit kräftigem Druck, ihre Schultern zu massieren. Mit etwas Creme auf den Händen glitt er über ihre weiche Haut. Sie seufzte erleichtert und er konnte fühlen, dass seine Hände ihr gut taten.

Er zog sein Shirt aus und öffnete seine Hose. Dann zerrte er ihre Jeans gleichzeitig mit der Unterwäsche herunter. Er starrte auf ihren geilen Arsch und sog scharf die Luft ein. Sie lag bäuchlings nackt vor ihm und sein Schwanz pochte. Er wollte sie endlich ficken.

Aber mit beiden Händen massierte er ihren runden Hintern. Ihre Haut war heiß und sie wand sich unter seinen Händen, was ihn umso geiler werden ließ.

Er beugte sich runter und sein Schwanz schob sich zwischen ihre Arschbacken. Er krampfte sich zusammen, das konnte nicht sein. Bei der bloßen Berührung mit ihrem Arsch war es passiert. Er war gekommen.

Was eine Situation. Wie konnte ihm so etwas passieren?

Gott, was sollte er sagen?

Er machte einen albernen Witz und sie lachte.

Während er sich hastig anzog, dachte er nur daran, möglichst schnell aus der Wohnung zu flüchten. Nix wie weg ...

Sie hatte wortlos Slip und Shirt angezogen und sich unter die Decke gelegt. Er täuschte Müdigkeit vor und verließ nach einem schnellen Kuss abermals leise ihre Wohnung.

Was war da gerade passiert? Was dachte sie nun über ihn?

Und so feige zu flüchten war auch nicht gerade stilvoll. Das alles war so unangenehm, erst mal würde er sich hier nicht mehr blicken lassen. Er hatte sich wohl zu weit aus dem Fenster gelehnt und nicht richtig überlegt, wie die Folgen aussehen würden. Es wäre vielleicht besser, wenn das Ganze etwas abkühlte. Vielleicht war auch alles eine blöde Idee gewesen.

Er hoffte nur, dass sie wusste, er wäre da, wenn sie ihn braucht. Und sie würde das Ganze nun nicht falsch verstehen. Ihre Freundschaft war ihm wichtig und würde ihm auch wichtig bleiben.

So oder so ...

Vier Wochen später sah er sie wieder.

Er hatte sich entschlossen, sein Leben einfach weiter zu gestalten, und verbot sich jeden weiteren Gedanken an das letzte Treffen mit ihr. Es war egal wie es gelaufen war, man konnte es nicht mehr ändern.

Manchmal vermisste er sie. Dann wurde er traurig und lenkte sich ab. Wie dumm er gewesen war, zu denken, dass sein Tun keine Konsequenzen für sie beide hatte. Eigentlich war er nicht so naiv, was hatte er sich nur dabei gedacht, es hatte ja so kommen müssen. Aber bei ihr setzte sein Gehirn zeitweilig aus, musste er sich eingestehen. Heute Abend war er mit Freunden zu einem Konzert verabredet. Es fand in einem großen Pub um die Ecke von ihm statt. Es war eine Coverband. Newcomer ... Er freute sich auf etwas Abwechslung und ahnte nicht, dass er sie wieder sehen würde.

Gut gelaunt traf er ein und begrüßte seine Freundin. Sie gesellten sich zur Clique. Alle freuten sich auf einen entspannten Abend. Es war laut und stickig im Raum, aber er war gut drauf und wollte den Abend genießen.

Eng umschlungen tanzte er mit seiner Freundin. Dabei glitt sein Blick durch den Raum. Es war voll im ganzen Saal, nur in den Ecken, wo man schlecht sah, war es leerer.

Sie stand allein in der Ecke und sah ihm direkt in die Augen. Ihr Blick war traurig und sie wirkte einsam. Er bemerkte, dass sie toll aussah, und fühlte einen Stich in seiner Brust. Er hatte sie so sehr vermisst, nun erst fiel es ihm auf.

Mit ihrem tiefen Ausschnitt und den engen Jeans zog sie viele Augen im Raum auf sich, doch sie hatte nur Augen für ihn. Ihr Haar glitzerte im Licht und ihre dunklen Augen glänzten. Sie war sich nicht bewusst, wie schön sie aussah. Und wie allein.

Sie blickte nur ihn an. Für alles andere hatte sie anscheinend gar kein Interesse. Er wollte zu ihr gehen, sie in seine Arme nehmen, sie küssen. Ihr einfach sagen, du fehlst mir. Aber die Möglichkeit hatte er jetzt nicht, seine Freundin sprach mit ihm und er versuchte, in dem Lärm zuzuhören.

Er wandte sich ihr zu, um sie besser zu verstehen. Als er sich eine Minute später umdrehte, um zu sehen, ob sie noch dastand, stellte er fest, dass die Ecke leer war. Wo sie gestanden hatte, war jetzt niemand mehr. Suchend glitten seine Augen durch den großen Saal. Wo war sie? Eben stand sie noch hier, er hatte nicht lange weggeschaut.

Er ließ seine Freundin einfach stehen und begann, den Saal nach ihr abzusuchen. Irgendwo musste sie doch hier sein. Er drängelte sich zwischen den tanzenden Körpern vorbei und versuchte in alle Richtungen zu sehen, aber sie blieb verschwunden für ihn.

Verdammt noch mal, wo steckte sie? Er hatte sie doch gerade noch gesehen. Wut und Enttäuschung erfüllten ihn. Hätte er gewusst, dass es seine letzte Begegnung für viele Jahre mit ihr war, dann hätte er Trauer gefühlt. Aber in diesem Moment, jetzt hier, fühlte er Verzweiflung. Sie war einfach weg. Er fühlte sich leer.

Sie hatte sich eingestanden, dass in ihrem Leben kein Platz mehr für ihn war. Das wichtigste, was sie gehabt hatten, Intimität, Respekt und eine hingebungsvolle Freundschaft, hatten sie verloren.

Anstatt ein neues Kapitel in ihrer Beziehung aufzuschlagen, war nur noch ein peinliches Gefühl zurückgeblieben. Und Scham ... Sie schämte sich, alles zerstört zu haben, was sie verbunden hatte.

Die Trauer darüber, ihn nicht mehr bei sich zu haben, nicht mehr in ihrem Leben, brachte sie an manchen Tagen zum Verzweifeln. Sie weinte viel, weinte um die verlorene Freundschaft, aber auch die verlorene Liebe.

Sie mochte seine Freundin, auch wenn ihre Bekanntschaft zu ihr nur flüchtig war. Das hatte kein Mädel verdient, er sollte sich besser auf seine Beziehung konzentrieren. Wären seine Gefühle für sie genau so tief wie ihre für ihn, dann wäre es anders gelaufen. Dann würde er sie auch vermissen und er würde fühlen, wie sehr er ihr fehlte.

Jetzt wusste sie, dass sie wesentlich mehr für ihn empfand als er für sie. Und es tat weh, nicht nur im Herzen, nein, auch körperlich, fühlte sie den Schmerz des Verlangens nach ihm. Wenn es anders wäre, hätte er sich für sie entschieden und sich von seiner Freundin getrennt. Aber das war nicht passiert.

Vier lange Wochen waren vergangen, in denen sie nichts von ihm hörte oder sah. Sie gab es zu und gestand es sich ein. Das war der größte Fehler, den sie bis jetzt in ihrem Leben begangen hatte. Sie hatte ihren besten Freund verloren und fragte sich, ob sie jemals wieder im Leben so etwas finden würde. Das Ehrliche, den Respekt und das füreinander da sein, was sie mit ihm geteilt hatte, war wie ein Schatz gewesen. Den sie leider nicht behütet hatte.

Für ein bisschen Körperlichkeit hatte sie alles weggeworfen. Es hatte ihm nicht gefallen mit ihr. Er hatte zweimal still und leise ihre Wohnung verlassen. Die Chemie hatte nicht gestimmt.

Es war nicht die Leidenschaft, die sie sich erhofft hatte, sondern es war einfach nur peinlich schnell gegangen. Sie hatte sich fürchterlich geschämt, hinterher.

In dem Moment hatte für sie nur sein Körper gezählt. Ihn so intensiv zu spüren, war das, was sie gewollt hatte. Sie hatte mit dem Feuer gespielt und sich verbrannt. Nun hatte sie nichts mehr.

Sie fühlte sich nach fast sechs Jahren dieser innigen Freundschaft allein gelassen. Viele Wochen weinte sie bittere Tränen und doch blieb ihr Entschluss fest: Sie wollte ihn nie mehr wiedersehen ...

Ihr Leben ging weiter.

Nachdem sie sich damit abgefunden hatte, ihn verloren zu haben, versuchte sie ihr Leben wieder in den Griff zu bekommen. Viele Wochen fühlte sie den Verlust, immer wieder verfluchte sie sich für diese Momente der Schwäche, in denen sie ihn einfach zu nah an sich herangelassen hatte. Sie hatte ihn in ihr Herz gelassen, so, wie sie es niemals hätte zulassen dürfen.

15 Monate nach ihrer letzten Begegnung lernte sie ihren zukünftigen Ehemann kennen. Ein weiteres Jahr später erwartete sie ein Kind und war mehr oder weniger glücklich verheiratet.

Es verging keine Woche, wo ihr nicht der Gedanke kam, was aus ihrer Jugendliebe wohl geworden war. War er glücklich? Hatte er auch Kinder? Ging es ihm gut?

Sie vermisste auch Jahre später noch die Intensität ihrer Freundschaft mit ihm. Aber es sollte nicht sein, sie war weggezogen, hörte und sah nichts mehr von der alten Clique. Manche Dinge im Leben waren nicht für die Ewigkeit. Als nach fünf Jahren ihre erste Ehe zerbrach, schwor sie sich nie wieder zu heiraten. Und doch lernte sie drei Jahre später einen Mann kennen und heiratete erneut. Mittlerweile waren ihre Gedanken an damals verblasst.

Alles hatte ein Verfallsdatum, nichts war für die Ewigkeit.

Immer wenn sie ein Schaumbad nahm, was nicht oft vorkam in ihrer Rolle als Ehefrau und Mutter, schoss er ihr durch den Kopf. Und eine leise Sehnsucht nach ihm erfüllte sie auch noch nach all den Jahren. Nie wieder danach hatte sie einen Mann kennengelernt, vor dem sie so viel Achtung und Respekt hatte.

Es waren nette Männer im Laufe der Zeit aufgetaucht, jeder hatte sie auf seine Art glücklich gemacht und ihr Leben bereichert. Aber dieses Gefühl des besten Freundes, großen Bruders und gleichzeitig verzehrende, schmerzvolle Leidenschaft hatte sie bei keinem gefunden.

Auch das Baden miteinander hatte sie nie wieder mit einem anderen Mann gewollt. Das war etwas, was nur ihrer Jugendliebe gehörte, das wollte sie nicht teilen.

Die Lücke schloss sich. Ihr Leben plänkelte so dahin, ihr Sohn war mittlerweile fast erwachsen. Sie war beruflich sehr erfolgreich, zufrieden mit sich und ihrem Schaffen.

Sie hatte sich selbst gefunden und selbst verwirklicht. Ihre Ehe war in ihren Augen glücklich und sie dachte immer seltener an ihre Jugend und die damals verlorene Freundschaft zurück.

Es gab Augenblicke, in denen er fehlte, aber sie hatte neue Freunde gefunden. Nicht dieses Vertrauen, was sie in ihn gehabt hatte, aber manchmal gestand sie sich ein, dass es so etwas wahrscheinlich nur einmal im Leben gibt.

Manchmal erlaubte sie sich aber selbst die Frage, ob das alles war, was noch folgen würde.

Dann geschah etwas was, alles veränderte. Durch Zufall traf sie in den sozialen Medien jemanden aus der alten Clique wieder. Nach fast zwanzig Jahren traf es sie wie der Blitz. Er war sofort vor ihrem inneren Auge. Groß, dunkel, kühl und so präsent.

Was war aus ihm geworden?

War er glücklich und zufrieden?

Dachte auch er manchmal mit einem Hauch von Wehmut an sie zurück?

Hatte er genau so schöne Erinnerungen an sie, oder war sie schon komplett in Vergessenheit geraten bei ihm?

Lange hatte sie nicht mehr an ihn gedacht und ihn doch nicht vergessen. Jetzt begann sie nachzuforschen. In den sozialen Medien fand sie ein Bild von ihm, und eine Chatadresse. Seine Augen waren dieselben, auch sein Lächeln, das sie so gemocht hatte. Zwanzig Jahre älter, aber ohne Zweifel für sie noch genauso attraktiv wie damals.

Sie überlegte eine Woche lang. Dann schrieb sie ihn an. Ein einfaches Hallo würde reichen, er würde sie erkennen. Da war sie sich sicher.

Die Antwort ließ nicht lange auf sich warten, sie spürte seine Freude, von ihr zu lesen. Schlagartig kamen ihr sein Gesicht, seine Hände und die Intensität ihrer Freundschaft in Erinnerung. Auch die Lust und die Leidenschaft, die sie für ihn empfunden hatte kehrten mit einen Mal zurück. Und die Verwirrung, nie einen richtigen Abschluss mit ihm gefunden zu haben. Sie hatte weitergemacht und das Beste ohne ihn aus ihrem Leben gemacht. Sie fragte sich, was wohl gewesen wäre, hätte sie weiter auf dieser Freundschaft damals bestanden, wo hätte das wohl hingeführt?

Ins Niemandsland ...

Er hatte immer gesagt, schau nach vorn, nie zurück, dreh dich nicht um ...

Sie erinnerte sich nur zu gut an die Zeit nach ihrem letzten Treffen, sie hatte so sehr gelitten.

Was war das?, fragte sie sich.

Hatte sie nicht felsenfest daran geglaubt, dass sie das Band, das sie miteinander geknüpft hatten, zerrissen hatte?

Die alte Vertrautheit war wieder da. Auch nach all den Jahren noch spürte sie, wie viel er ihr bedeutet hatte, immer noch war er ein ganz besonderer Mann für sie.

Es war ihr, als wäre er nie weg gewesen, als wenn sie ihn

gestern noch gesehen hätte. Es waren eigenartige Gefühle, die da in ihr hochkamen.

Stundenlanges Chatten, der Austausch von Erinnerungen und, was alles passiert war in der langen Zeit, waren die Folge. Einen guten Morgen und eine gute Nacht täglich und der Austausch über ihren Alltag, das konnte sie sich nicht mehr wegdenken. Alles Leugnen, dass sie keine Verbundenheit mehr spürte, half nicht.

Sie fragte sich täglich, ob es ihm genauso ging. Er war wieder da, so präsent in ihrem Leben, mit einer solchen Selbstverständlichkeit. Sie wollte nicht eine Minute und nicht einen Satz missen, den er ihr schrieb. Das Leben konnte so wundervoll sein, dachte sie jeden Morgen aufs Neue. Sie musste ihn nicht sehen oder treffen, es reichte zu wissen, dass er da war. In ihrem Leben, ihren Gedanken und dass er an sie dachte.

Die Freundschaft, die sie damals verbunden hatte, war zurück. Es tat gut zu spüren, dass es Dinge im Leben gab, die sich nicht änderten, oder zurückkamen.

Dass er wieder da war, machte sie jeden Tag glücklich. Einfach das hier und jetzt genießen, dachte sie jeden Tag aufs Neue. Sie hatte wieder angefangen, mit dem Feuer zu spielen.

Dann geschah etwas, was sie völlig zerstörte und ihr komplettes Leben verdrehte. Alles veränderte sich innerhalb von 60 Sekunden.

Ihr Ehemann hatte eine Liebesaffäre.

War sie eben noch in einer mehr oder wenigen glücklichen Ehe, veränderte das alles. Es änderte ihre Lebenseinstellung.

Sämtliche Planungen und Vorstellungen, wie sich ihr Leben gestalten sollte in der Zukunft, waren nur noch Erinnerungen.

Er war es, der sie auffing. Der immer zuhörte und versuchte sie zu stützen. Er wurde immer wichtiger, seine Meinung wurde ihr immer wichtiger.

All ihre Sorgen bürdete sie ihm auf, er war so geduldig und manchmal spürte sie seinen unterdrückten Zorn. Sie erinnerte sich an früher, wo er genauso mit ihr umgegangen war. Nun erst wurde ihr bewusst, wie sehr er in ihrem Leben gefehlt hatte. Er hatte eine Offenheit und Ehrlichkeit an sich, die sie jetzt in dieser Zeit sehr schätze. Auch wenn ihm manchmal die Empathie für ihre Empfindungen wirklich fehlte, aber seinen klaren Kopf konnte sie jetzt wirklich brauchen.

Und doch, er war noch genauso undurchschaubar für sie, wie früher. Sie fühlte sich, als wenn sie in der Zeit zurückversetzt wäre.

Sein Leben ging weiter.

Nachdem er sie auf dem Konzert das letzte Mal gesehen hatte, verspürte er einen Verlust. Er wusste nicht, dass viele Jahre vergehen würden, bis er sie wiedersah.

Sie war für ihn wie vom Erdboden verschluckt. In den ersten drei Jahren war er sich sicher, dass er sie irgendwann finden würde. Er fragte nach ihr und forschte, aber alle Antworten, die er erhielt, waren unbefriedigend. Sie hatte geheiratet und einen anderen Namen. Weggezogen, wurde ihm in seinem Bekanntenkreis immer wieder mit einem Achselzucken mitgeteilt. Keiner wusste etwas genaueres.

Ihm fehlte ihr Lachen und die Gespräche, all das, was sie

miteinander geteilt hatten.

Wo steckte sie nur?

Gerne dachte er an die Zeit zurück wo sie mit ihm gebadet und ihn anschließend im Bett nackt gewärmt hatte. Er versuchte sich an das Gefühl ihrer nackten Haut und ihren Geruch zu erinnern.

Ihre Freundschaft hatte ihm so viel gegeben und hatte so abrupt geendet, er hatte Leere empfunden. Eine Lücke, die sich nicht mehr gefüllt hatte in all den Jahren, die vergangen waren. Egal, wie sehr er sich mühte, sie zu füllen, er hatte es nicht mehr geschafft.

Er gab nicht auf, über zehn Jahre fragte er immer wieder nach ihr. Bei jedem, wo er annahm, er könne etwas über sie wissen, hakte er nach.

Aber sie blieb verschwunden für ihn.

Das Leben hatte es gut mit ihm gemeint, er hatte eine wundervolle Frau und Kinder. Erfolg hatte ihn durch die Jahre begleitet. Sowohl beruflich wie auch privat. In einer leitenden Position eines globalen Unternehmens hatte er sich gesellschaftliches Ansehen und beträchtlichen Reichtum erarbeitet.

Es ging ihm gut, er hatte viele Freunde und Hobbys. Eigentlich fehlte es ihm an nichts.

Aber eine innere Unruhe breitete sich in seinem Leben aus und manchmal fühlte es sich an, als wenn ihm irgendetwas fehlte. Er fragte sich manchmal, was anders hätte sein können.

Sein Leben plätscherte in den seichten Gewohnheiten vor sich hin und manchmal überlegte er, war das alles, was noch kam? Sollte er so nun alt werden?

Die Leidenschaft in seiner Ehe hatte sich verloren im

Laufe der Jahre. Immer öfter fühlte er Unzufriedenheit.

Kam er wie alle alternden Männer in einem Zeitpunkt im Leben an, wo er alles in Frage stellte? Noch mal die Unbeschwertheit und Leidenschaft der Jugend genießen, das wäre eine Freude. Er dachte oft an diese Zeit zurück, auch wenn seine Erinnerung mittlerweile lückenhaft war, so spürte er doch immer die Leere, die in seinem jetzigen Leben herrschte.

Er konnte sie nicht greifen, war er doch eigentlich sehr beschäftigt und viel unterwegs. Aber irgendetwas fehlte ihm, er konnte nicht erfassen, was es war.

Dann kam der Tag, an dem sie schrieb. Er saß in einem dieser langweiligen beruflichen Meetings und versuchte sich zu konzentrieren. Als das Nachrichtenfeld seines Telefons blinkte, blickte er unauffällig darauf. Es war im Chat. Ein einfaches Hallo. Er klickte auf das Profilbild und traute seinen Augen nicht.

Sie war es ...

Zwanzig Jahre älter, aber noch genauso hübsch wie damals.

Er war geschockt und sog scharf die Luft ein. Die Kollegen starrten ihn irritiert an, was er mit einem entschuldigenden Lachen, in die Runde abtat.

Jetzt schrieb sie.

Ein Lächeln glitt über sein Gesicht, er fühlte eine innere Freude, die er glaubte, längst verloren zu haben. Sie hatte eine Lücke in seinem Leben hinterlassen, die sich nicht mehr gefüllt hatte im Laufe der vielen vergangenen Jahre.

Sollte sich nun die Lücke in seinem Leben wieder schließen?

Längst hatte er sich daran gewöhnt, dass sie in sein Leben gehörte.

Warum sie damals so plötzlich verschwunden war, verstand er noch immer nicht. Aber es war nebensächlich, da sie jetzt wieder in seinen Gedanken und seinen Träumen war.

Er fühlte sich seit langem wieder jung und frei, zurückversetzt in eine Zeit, an die er so oft gedacht hatte.

Steckte er in einer Midlife-Crisis? War es so falsch, sie wiedersehen zu wollen? Zu erfahren, ob die alte Anziehungskraft noch da war?

Das Schreiben reichte ihm nicht mehr. Er wollte sie sehen, in ihre Augen schauen und sie so viele Dinge fragen. Fragen, die man beim chatten nicht stellte.

Er wollte wissen: Fühlte sie genauso wie er?

Sein Leben hatte sich gut entwickelt, aber ihres hatte so viele Höhen und Tiefen erlitten. Sie hatte ihm in all den Chat-Gesprächen ihr Herz ausgeschüttet. So wie damals hatte er ihr gern zugehört und ihr den ein oder anderen Ratschlag gegeben. Auch so wie damals.

Sie lebte in einer Ehe mit einem Mann, der sie betrogen hatte. Er verstand es nicht. Warum tat man seiner Frau so etwas an? Der Mann hatte keine Eier in der Hose, wenn er so ein Feigling war. In einer Ehe sollte man für klare Verhältnisse sorgen, das war ihm selbst wichtig. Fairness und Vertrauen waren die Grundbasis für eine Beziehung in seinen Augen. Es war schön, dass sie ihm wieder so vertraute und er für sie da sein konnte. So wie es früher selbstverständlich war, so war es auch heute.

Sie war in sein Leben hereingerauscht wie ein Sturm, hatte seine Gefühlswelt gehörig durcheinandergebracht.

Er wollte sie unbedingt wiedersehen und drängte immer wieder auf ein Treffen. Irgendwann würde sie nachgeben und auf diesen Tag freute er sich jetzt schon. Er würde nicht aufgeben und weiter drängen, er musste sie einfach sehen und sie in seinen Armen halten.

Wie früher ...

Kapitel 7

Das Treffen

Sie hatte nachgegeben.

Nach fast einem Jahr ihrer vielen Chats, nach so viel Trost und Zuspruch durch ihn, hatte sie den Wunsch verspürt, ihn wiederzusehen und ihm gegenüber zu sitzen. Sie verfiel in Angst, geradezu in Panik, ihm nicht mehr zu gefallen. Nicht gut genug für ihn zu sein. Er kam aus einer anderen, in ihren Augen besseren Welt. Einer Welt, wo Geld keine Rolle spielte.

Wer war sie schon? Er hatte etwas erreicht im Leben, wovon sie nur träumen konnte. Auch wenn sie ihren Weg gegangen war, vergleichbar mit seinem Werdegang fühlte sie sich dumm und unterbelichtet.

Eine lange Zeit war vergangen, zwanzig Jahre. Sie war nicht schöner geworden in der Zeit und das Gefühl, er könne sich erschrecken, wenn er sie sah, verfolgte sie im Schlaf in der Nacht vor dem Treffen.

Sie spürte, dass es ihm ähnlich ging. Auch er war nervös, das merkte sie in dem ein oder anderen Gespräch.

Und doch hatte sie nachgegeben und einem Wiedersehen zugestimmt.

Hoffentlich würde sie es nicht bereuen. Während sie ausgiebig duschte und über ihre Kleiderwahl nachdachte, überkam sie erneut die Angst. Was war, wenn er völlig abgetörnt war von ihr?

Sie betrachtete ihren Körper im Spiegel und versuchte selbstkritisch zu sein. Was hatte ihm wohl damals an ihr gefallen, was war davon noch da?

Sie kannte diesen Mann doch gar nicht mehr ... Was war, wenn er ein vollkommen anderer Mensch war? Geld verdirbt bekanntlich den Charakter. Was wäre, wenn er völlig anders war als damals? Nicht nur sein Aussehen, sondern wenn er sich selbst verändert hatte? Wenn all die Jahre ihn so verändert hatten, dass er ihr nicht mehr gefiel?

Was wenn er alles nur vorgetäuscht hatte und in Wirklichkeit ein Serienmörder war? Was wusste sie schon über ihn? Alles nur aus seinen Erzählungen. Nichts wusste sie eigentlich.

Die Angst schnürte ihr die Kehle zu und sie versuchte sich zu beruhigen. Mit ihrer Freundin hatte sie abgemacht, wenn sie nach drei Stunden kein Lebenszeichen von sich gab, würde ihre Freundin zu ihr kommen. Das war eine Variante, mit der sie sich wohl fühlte und dachte, so bin ich sicher.

Keine aufreizende Kleidung, keine Schminke. Das könnte er völlig falsch interpretieren. Jeans, Shirt und Strickjacke, nur keine nackte Haut zeigen. Das ein oder andere Flirtgespräch hatten sie ja schon geführt, er sollte nicht denken, sie würde hier und heute mit ihm durch die Betten toben.

Sie machte die Schlafzimmertür zu und deckte den Tisch. Er würde zum Frühstück kommen, sie wollte, dass alles nett aussah, und dazu gehörte für sie ein schön hergerichteter Tisch.

Als es an der Tür klingelte erschrak sie. Er war pünktlich auf die Minute und mit weichen Knien ging sie zur Tür. Oh Gott, was tat sie hier nur? Ihr Spiel mit dem Feuer wurde ihr wieder bewusst. Würde sie sich ein zweites Mal an ihm verbrennen?

Jetzt erst schoss es ihr durch den Kopf, dass er gleich vor

ihr stehen würde. Sie drückte auf den Türschließer und öffnetet die Wohnungstür. Sie konnte seine Schritte im Flur hören und das Herz schlug ihr bis zum Hals. Ihre Hände schwitzten und es kam ihr vor, als wenn ihr Puls raste. Ihr war speiübel vor Aufregung und der Magen drehte sich um.

Sie holte tief Luft und dann stand er auch schon vor ihr. Groß, breit und etwas älter. Grau geworden war er, aber für sie noch genauso reizvoll wie mit 16.

Sie schaute in seine blauen Augen, die sie so geliebt hatte. Er war es, es war so, als wenn er nie weg gewesen wäre.

Als wenn die Zeit stillgestanden hätte.

Auf Zehenspitzen schlang sie ihre Arme um ihn und presste sich an seine Brust. Was hatte sie sich damals nur dabei gedacht, diesen wunderbaren Mann aus ihrem Leben zu verbannen?

Damit begann sie die Flammen zu schüren, in einem Feuer, das verzehrende Ausmaße annehmen würde. Während er sie hielt, zogen all die schönen Erinnerungen ihrer gemeinsamen Zeit durch ihren Kopf.

Sie verspürte den sehnsuchtsvollen Wunsch ihn zu küssen. Aber sie begnügte sich mit einem flüchtigen Wangenkuss und versuchte diesen Moment für immer in ihrem Gedächtnis wegzuschließen.

Ein zeitlicher Rücksprung in ihren Gedanken lief vor ihr ab. Sie sah in ihrem Inneren seinen nackten Körper in ihrer Badewanne und spürte sofort dieses fast schon schmerzhafte Verlangen, nach seinen Händen, die ihre Haut streichelten. Er brachte sie genauso durcheinander, wie er es immer getan hatte.

In all den Jahren ohne ihn hatte sich nichts geändert an

ihren Gefühlen für ihn. Sie hatte alles nur weggesperrt und verdrängt. Sie wusste schlagartig, sie wollte ihn noch immer. Mit all seinen Ecken und Kanten, ihn wieder bei sich zu haben, erfüllte sie mit einer längst vergessenen Freude. Das Alter spielte keine Rolle, es hatte sich nichts geändert, sie empfand noch genauso intensiv wie vor zwanzig Jahren.

Es war ein seltsames Gefühl ihm gegenüberzusitzen, als wäre keine Zeitspanne zwischen ihnen. Die Verbundenheit war noch genauso wie damals, in der Badewanne.

Sehnsucht zehrte an ihren Nerven, während er ganz selbstverständlich ein Brötchen aufschnitt und auf ihren Teller legte. Selbstbeherrscht, kühl und aalglatt. Für sie war er immer undurchschaubar gewesen, so auch jetzt.

Sie redete zu viel und wurde immer unruhiger. Spürte er dieselbe Nervosität? Sie meinte auch bei ihm, dann und wann einen Anflug von Unruhe in ihrer Unterhaltung zu fühlen. Doch passierte alles mit einer so großen Selbstverständlichkeit, die es nur bei Menschen gab, die sich blindlings vertrauten. Erstaunt bemerkte sie, dass ihre Angst einem ganz anderen Gefühl gewichen war. Begehren und Lust ... Sein Lachen, seine Augen, seine Körperhaltung, alles war so wie damals.

Noch immer dieses freche Mundwerk und noch immer dieses unverschämte Funkeln in den Augen, wie mit 16.

Er sitzt so weit weg, dachte sie bei sich. Ihre Hände zitterten, als sie zur Tasse griff, um sich irgendwo festzuhalten. Sie fühlte das Verlangen, einfach zu ihm rüber zu gehen, sich auf seinen Schoß zu setzen, ihre Arme, um seinen Hals zu schlingen und ihn zu küssen, so lange, bis ihre Lippen wund wären und sie keine Luft mehr bekommen würde. Seine Hände überall zu fühlen und einfach nur den Moment zu genießen, um alles andere zu vergessen.

Was wäre falsch daran?

Während sie den Klang seiner Stimme hörte, drifteten ihre Gedanken ab in eine andere Welt. In dieser Welt liebte er sie und wollte sie genauso wie sie ihn. Erst als er zweimal laut ihren Namen sagte, kehrte sie verwirrt in die Realität zurück. Erstaunt blickte sie ihn an und entschuldigte sich bei ihm für ihren kurzen Moment der Abwesenheit. Sie lachte verschämt und versuchte sich wieder ganz auf seine Worte zu konzentrieren.

Er hatte Kinder und eine Ehe, die nach seinen Worten mehr oder weniger glücklich war. Sie konnte spüren, dass er eine Lüge aussprach. Würde er sich heimlich mit ihr treffen, wenn in seinem Leben alles so glatt lief? Machte er sich selbst etwas vor?

Nein, entschied sie ... So war er nicht, er gehörte nicht zu den Menschen, die sich ihre Leben schönredeten. Und doch war etwas in seiner Körperhaltung, dass ihr sagte, nicht alles war so schön, wie er es ihr erzählte. Schon damals hatte sie gespürte, wenn ihn etwas bedrückte, heute war es auch so. Irgendwann würde sie fragen. Nicht heute, am Tag ihres Wiedersehens.

Sie empfand noch immer diese tiefe Verbundenheit zu ihm. Und auch die alte Unsicherheit ihm gegenüber war wieder da. So wie damals ...

Das Band war doch noch nicht zerrissen ...

Als er nach zwei Stunden ihre Wohnung verließ, zitterten ihre Beine. Sie atmete ruhig, um die Anspannung zu vertreiben. Die Gedanken drehten sich im Kreis.

Was war das?

Leidenschaft, Begierde und Lust kamen in ihr hoch ... Lust, mit ihm noch mal all die verdrängten Gefühle der Jugend zu kosten. Die Verbindung zu fühlen, die sie geteilt hatten. Aber auch einen Abschluss zu finden mit ihm, für sich selbst. Sie entschied, dass es das erste und letzte Treffen mit ihm für sie gewesen war. Ihm die Chance zu geben, sich raus zu nehmen, aus diesem Unheil, das rasend schnell an Geschwindigkeit aufnahm. Er war verheiratet, niemals würde sie seiner Frau das antun wollen, was sie momentan durchlebte. Die Angst und den Verlust zu fühlen, nach einer vermeintlich glücklichen Beziehung.

Sie fühlte sich einsam und leer. Sie wollte nicht noch mal in dieselbe Falle tappen wie damals. Alles aufs Spiel setzen für Gier und schiere Geilheit. Diesmal nicht!

Beherrschung war das Stichwort. Das hatte sie gelernt, in all den Jahren. Begierde war nicht das Ausschlaggebende im Leben. Dieses Gefühl konnte vieles zerstören, sie würde es nicht noch einmal zulassen, ihn dafür zu verlieren.

Wie er wohl jetzt bin diesem Moment empfand?

Er war nie ein Gefühlsmensch gewesen, der aus dem Bauch heraus Entscheidungen traf. Doch meinte sie bemerkt zu haben, dass auch er noch Verbundenheit empfand.

Sie würde ihm alles weitere überlassen, was ihre Freundschaft betraf. Das war sie ihm schuldig, nach all den Stunden, in der er geduldig ihre Klagen ertragen hatte, über ihre Ehe und die alltäglichen Sorgen und Nöte.

Diesmal sollte er entscheiden, ob er den Kontakt abbrach nach ihrem Wiedersehen. So hatte er die Möglichkeit, sich zurückzuziehen, ohne dass groß etwas passiert war.

Er sollte ein reines Gewissen haben, sie wollte frei von Schuld sein.

Aber keine fünf Minuten später, nachdem er ihre Wohnung verlassen hatte, blinkte ihr Telefon auf. Sie war in Gedanken versunken in der Wohnung umher gewandert und hatte sich ihren Überlegungen hingegeben. Fantasien und Träumen von seinen Lippen auf ihrer Haut und seinem nackten Körper auf ihrem. Sie wollte ihn fühlen und alles noch einmal aufleben lassen

Was hatte er nur, dass sie bei ihm solche Fantasien empfand? Mit keinem anderen Mann hatte sie das je so intensiv erlebt wie mit ihm. Es musste daran liegen, dass sie nie wirklich mit ihm gevögelt hatte. Diese zwei Fummeleien mit ihm waren nur wie ein Vorspiel gewesen. Ein Auftakt zu einer Sinfonie, die nie zu Ende komponiert worden war.

Gedankenverloren griff sie nach dem Telefon, um die Nachricht im Chat zu lesen. Er schrieb ihr, dass sie noch genauso geil wäre wie vor zwanzig Jahren

Ein Lächeln glitt über ihr Gesicht, als sie antwortete: „Du auch ...“

Er hatte auf ein Treffen gedrängt mit ihr. Er hatte ihre Unsicherheit gespürt und wollte ihr zeigen, dass es nichts gäbe, wovor sie Angst haben musste. Er wollte sie wiedersehen und sich noch einmal jung fühlen, sich erinnern, und er war neugierig, ob er noch genau dasselbe empfinden würde, wie er damals in ihrer Gegenwart empfunden hatte.

Würde sie seine Fantasie genau so anregen wie vor zwanzig Jahren und würde er noch immer in ihrer Gegenwart ständig ans Ficken denken?

Eine lange Zeitspanne war vergangen, in der sich die

meisten Menschen veränderten, und das, nicht immer im positiven Sinne. Darüber dachte er nach, als er in seinen Porsche stieg, um sich auf den Weg zu ihr zu machen.

Wenn er sie abtörnend fand, würde er es eilig haben und nach einer Tasse Kaffee verschwinden.

Das Viertel, in dem sie wohnte, törnte ihn definitiv ab.

Er parkte seinen Wagen. Jetzt war er doch ein wenig aufgeregt, als er auf die Klingel drückte. Er fuhr sich mit der Hand durch die Haare und zog seine Jacke zurecht. Zweimal tief durchatmen und nicht genau nachdenken.

Was tat er hier? Er war verheiratet und auch keine zwanzig mehr, er wusste, dass er sich auf einem Scheideweg befand. Es war dünnes Eis, auf dem er sich bewegte.

Irgendwann würde er sich eingestehen müssen, dass er nicht mehr so glücklich war in seinem Leben, wie er sich erhofft hatte. Irgendwann müsste er sich seinen inneren Dämonen stellen ...

Aber nicht jetzt, nicht heute ...

Die Tür ging auf und er betrat den schmuddeligen Hausflur. Was eine Absteige, ging es ihm durch den Kopf. Konnte sie sich nichts Besseres leisten? Das hier war grauenvoll und er kam sich vor wie in einem Armenviertel. Hoffentlich stand sein Wagen noch auf Rädern, und nicht auf Backsteinen, wenn er hier fertig war.

Sie wohnte im Erdgeschoss und er ging den langen Flur entlang. Da stand sie in der Tür und lächelte.

Ihre Körperhaltung wirkte unsicher auf ihn. Aber ihr Lächeln war genau so süß wie 1984.

Er betrachtete ihr Gesicht und stellte fest, das Alter hatte es gut mit ihr gemeint. Sie war noch immer hübsch und der Typ Frau, dem man noch gerne mal hinterher schaute. Mit ihren langen Haaren und den weiblichen Rundungen war sie noch richtig sexy für ihr Alter, in seinen Augen.

Als sie sich zur Begrüßung in seine Arme schmiegte, wollte er nur noch eins: ihr den Verstand aus dem Hirn vögeln!

Es hatte sich nichts geändert nach zwanzig Jahren. Sein Verlangen nach ihr hatte nicht nachgelassen. Er fühlte ihre Wärme in seinen Armen und sie roch gut. Am liebsten hätte er sie jetzt hier im Flur auf den Boden gedrückt und ihr die Kleider vom Leib gerissen. Wow, Déjà-vu, wie vor zwanzig Jahren, schoss es durch seinen Kopf.

Er fühlte sich gut in ihrer Nähe, jung und unbeschwert. Es war, als wenn sie nie aus seinem Leben verschwunden wäre, als hätte der Verlust ihrer Freundschaft nie stattgefunden. Ein bisschen aufgeregt war er schon, aber immer, wenn er in ihr Gesicht sah, spürte er Ruhe.

Es war richtig, was er hier tat, das sagte ihm sein Gefühl. Alles andere war nun nebensächlich. Er wollte sie ansehen und ihr zuhören. Manchmal wirkte sie traurig und unsicher. Er spürte ihre Nervosität und hätte ihr gerne Sicherheit gegeben, wenn er gewusst hätte, wie.

Er wollte wieder für sie da sein und sie beschützen, so wie früher. Sie war immer so impulsiv in ihren Entscheidungen, immer aus dem Bauch heraus. Das war nicht gut, sie brauchte jetzt jemanden, der einen klaren Kopf behielt.

Er saß ihr gegenüber und hörte ihr zu. Über ihr Leben und die Traurigkeit darin. Sie war nervös, er merkte es an ihren Händen und daran, dass sie nicht still sitzen konnte. Eigentlich hatte er gedacht, sie wäre ruhiger geworden im Laufe der Jahre, aber das war ein Irrtum. Manchmal wirkte sie abwesend, wenn er sprach.

Hätte er doch jetzt in ihren Kopf schauen und sehen können, was sie dachte.

Seine Augen wanderten über ihren Körper und er stellte sich vor, wie er sie in die Arme nehmen würde und ihren rosa Mund mit einem langen Kuss zum Schweigen brächte. Seine Hände sich von den geilen Titten runter zu ihrem runden Hintern bewegen würden. Wie damals ...

Seine Hose drückte, am liebsten hätte er alles vom Tisch gefegt und sie quer darübergelegt. Ihre Beine auf seinen Schultern und endlich das tun, was er schon immer gewollt hatte. Aber wieder war es die Freundschaft, die ihm wichtiger war. Das Vertrauen, das sie wieder miteinander hatten, das ihn daran hinderte.

Die Lücke in seinem Leben hatte sich nach zwanzig Jahren geschlossen und stürzte ihn in ein Chaos seiner Gefühle.

Kapitel 8

Die Lücke schließt sich

Der Kurzurlaub hatte ihr gut getan. Sie hatte einen klaren Kopf bekommen und sich entschlossen, nicht zu viele Gefühle in diese Affäre zu investieren, wenn das überhaupt noch möglich war.

Mit seinem Auftauchen im Club hatte er sie überrascht. Zum zweiten Mal. Sie hatten zwei Tage wie im Rausch erlebt und er hatte ihr in allen Zimmern des Hauses gezeigt, was vögeln heißt. Sie hatten kaum gegessen oder den Strand gesehen, die Zeit war ihnen dafür zu kurz vorgekommen. Die Gier nach dem Körper des anderen hatte ihren Hunger gestillt und die Lust beider, den Körper des anderen zu entdecken, war endlos.

Es hatte kaum eine Möglichkeit gegeben, ein Gespräch zu führen, dazu fehlte die Gelegenheit. Der Zeitpunkt wäre unpassend gewesen.

Nach den zwei Tagen war er leise, ohne viel Aufhebens mit einem Kuss als Abschied, nach Hause gefahren.

Sie dachte, es war wie damals. Kein Mann der großen Worte. Es war seltsam und sie fand irgendwie krank.

Das Vögeln mit ihm war wie ein Rausch der Sinne, von dem sie sich wünschte, dass es nie enden würde.

Sie fühlte sich frei, beschützt und geliebt, wobei letzteres ein Trugschluss war. Die Fähigkeit, mit ihm über Gefühle zu sprechen, was ihre Freundschaft oder ihre Beziehung betraf, ging ihr gänzlich ab. Von ihm erwartete sie sowieso keine Aussage, da er eh ein Mensch war, der alles mit sich selbst ausmachte.

Als sie nach einer Woche Seeluft ihren Kurzurlaub beendete, war sie noch immer ohne Nachricht von ihm. Kein Chat, kein Telefonat. Sie war verstört und geschockt, was war passiert? Was hatte sie falsch gemacht?

Ihr Stolz und die Angst vor einer klaren Antwort hielten sie ab, ihm zu schreiben. Er hatte vielleicht beschlossen, dass sie nicht in sein Leben und seine Welt passte. Dann war es halt so und sollte so sein. Sie würde es nicht ändern können. Liebe konnte man nicht erzwingen, so viel wusste sie. Dass sie ihn liebte, war ihr bewusst, seit er im Club aufgetaucht war. Die erste Träne an diesem Abend hatte ihr gezeigt, was er ihr bedeutete. Es war ihr klar geworden, dass sie wieder in derselben Situation war wie vor vielen Jahren.

Auch damals hatte sie ihn geliebt. Auch da war sie zu feige gewesen ihre Gefühle preiszugeben. Ihm hingegen ging es um die Lust, um nichts anderes. Das wurde ihr immer klarer. Ihr Bauchgefühl hatte ihr das von Anfang an gesagt.

Mit diesen Gedanken fuhr sie nach Hause und entschied, ihr Leben wieder in den Griff zu bekommen. Sie würde als erstes eine eigene Wohnung mieten um aus ihrer ungewollten Ehe zu scheiden. Sie hatte keine Angst mehr vorm Alleinsein.

Wieder zu Hause fühlte sie die Sehnsucht nach ihm schon fast körperlich. Sie stürzte sich in die Arbeit, denn der Alltag brachte Ablenkung und vertrieb die trüben Gedanken. Die Suche nach einer passenden Wohnung gestaltete sich schwieriger als gedacht, aber auch diese Hürde meisterte sie geschickt. Ihre Eigenständigkeit hatte oberste Priorität für sie.

In ihren Träumen nachts war sie wieder in dem kleinen

Haus am Meer, spürte seine Haut und seine unablässige Lust auf sie. Mehr war es wohl nicht gewesen, wie sie sich selbst eingestehen musste.

Schmerzvoll fühlte sie wieder den Verlust der Freundschaft, das Gefühl des Alleinseins schwappte in manchen Stunden wie eine tosende Welle über sie. Dann gestattete sie sich zu weinen, bittere Tränen des Verlustes und der Angst vor der Einsamkeit. Sie hatte es schon einmal geschafft ohne ihn, sie würde es auch ein zweites Mal überstehen.

In den schlaflosen Nächten grübelte sie, was falsch gelaufen war, was sie hätte anders machen sollen. Was hatte ihn dazu bewogen sich wortlos aus ihrem Leben zu ziehen? Nach fast zwei Jahren ihrer wiedergefundenen Freundschaft hatte sie abermals alles verloren.

War er nicht die treibende Kraft gewesen? Er hatte sie sehen wollen, immer wieder. Sie hatte sich mit ihren Träumen und Fantasien über ihn begnügt. Nichts anderes als ein Zeitvertreib war sie gewesen.

Jetzt bereute sie, so schnell nachgegeben zu haben, aus dem falschen Gefühl der Verbundenheit in der Jugendzeit.

Seine Erwartungen an sie waren wohl enttäuscht worden. Sie fühlte sich belogen und betrogen. Unter dem Deckmantel der Freundschaft hatte er ihr etwas vorgemacht. Sie meinte zeitweilig gespürt zu haben, das auch von seiner Seite aus mehr gewesen wäre. Aber auch da hatte sie sich wohl etwas vorgemacht. Hatte Verliebtheit mit Geilheit verwechselt. Waren alle Männer so? Sie hatte gedacht er wäre anders, anders als alle anderen.

Nun ließ sich nichts mehr rückgängig machen oder ändern. Sie musste sich ihn ein zweites Mal aus ihrem Herzen reißen und die Scherben aufheben und neu zusammensetzen. Ein mehr oder weniger guter Fick in seiner Midlife-Crisis. Wer wusste schon wie viele Frauen er schon gehabt hatte und ob sie vielleicht nur die Mitte einer Kette war, in der er sich, auslebte? Was hatte er ihr schon bis jetzt mitgeteilt, über sein Leben und seine Gefühle? Eigentlich nichts. Sie wusste gar nichts über ihn.

In den langen Gesprächen war es nur um sie gegangen, ihr Leben, ihre Gefühle. Er hatte sich alles angehört und ihr Ratschläge erteilt. Von sich oder seinen Belangen, hatten sie nie geredet. Er war immer einen Schritt voraus gestürmt, dann drei Schritte zurück. Auch in seiner Jugend hatte sie ihn so erlebt.

Sie entschied, gar nichts zu tun wäre das Beste. Wahrscheinlich würde sie nie eine Antwort erhalten auf all ihre Fragen an ihn. Vielleicht war es auch besser so. Sie hatte ihn abermals verloren.

Es schmerzte genauso wie damals mit Anfang Zwanzig ...

Die Überraschung, sie in ihrem Kurzurlaub zu besuchen, hatte ihn einiges an Anstrengungen gekostet. Herauszufinden, wo sie steckte, war eine Schwierigkeit. Aber sich zu Hause mit einer Dienstreise rauszuwinden, war nicht einfach für ihn.

Er wollte sie sehen, fühlen und ihre Stimme hören.

Was war nur los mit ihm? Seine Überlegungen und Taten waren immer gut kalkuliert, er war nicht einer dieser gefühlsduseligen Männer, die ihre Tage mit grübeln und Selbstmitleid verbrachten. Wenn es so wäre, dann wäre er im Leben nicht dort angekommen, wo er jetzt stand.

Es war, wie er es sich schon mehrmals eingestanden hatte: Sein Gehirn setzte zeitweilig aus, wenn es um sie ging. Sein Verstand rutschte in seinen Schwanz, er merkte den Testosteronüberschuss. So kam es ihm auf jeden Fall vor. Und wenn sein Kopf sich wieder einschaltete, fragte er sich jedes Mal, wie ihm so etwas passieren konnte.

Wurde er im Alter zu einem Volltrottel, dem die realistische Sicht auf das Leben entglitt? Auf dem Weg zu ihr, in den kleinen Fischerort am Meer, stellte er all diese Überlegungen an. Aber seine Freude, sie zu sehen, zwei Tage und Nächte mit ihr zu verbringen, wischte alle seine Bedenken fort.

Er spürte, dass er immer mehr in die Wirren ihrer undurchsichtigen Beziehung eintauchte. Das Eis, auf dem er sich bewegte, wurde immer dünner. Ihm entglitten langsam die Zügel und sein Leben kam ihm chaotisch vor. Als wenn er langsam über alles die Kontrolle verlor. Es fiel ihm immer schwerer, nicht bei ihr zu sein. Was hatte er sich nur dabei gedacht?

Jetzt war es zu spät ...

Als er im Ort ankam, war es nicht schwer, das kleine Haus zu finden. Ihr Wagen war nicht da, sie musste irgendwo unterwegs sein. Wollte er warten?

Enttäuschung machte sich in seinem Kopf breit. Er blickte auf seine Rolex und stellte fest, dass es schon kurz nach 22 Uhr war. Mitten in der Nacht, wo steckte sie nur?

Er stieg aus und atmete die salzige, kühle Nachtluft ein. Ein schönes Fleckchen Erde, dachte er. Das Rauschen der Meeresbrandung war bis hier zu hören.

Entspannt schärfte er seine Sinne für die Geräusche und Gerüche. Er würde wohl oder übel hier draußen auf sie warten müssen.

Im Haus nebenan wurde es hell und die Eingangstür ging auf. Der geschwätzige Nachbar war eine Fügung des Schicksals. Nachdem der gute Mann seine halbe Lebensgeschichte berichtet hatte, erzählte er endlich, was er wusste.

Sie war im Nachbarort zum Tanzen ausgegangen.

Er bat um die Adresse und machte sich auf den Weg zum Club.

Als er eintraf war er verwundert. Er parkte den Wagen und stellte fest, dass es drinnen nicht voll sein konnte. Ganze 15 Autos zählte er auf dem Parkplatz.

Er legte seine Jacke in den Kofferraum und machte sich auf den Weg zum Eingang. Bei der geringen Besucherzahl musste er sie wenigstens nicht endlos suchen. Im Club war es dunkel, die Musik war laut, aber eigentlich sein Geschmack. Die Luft heiß und stickig.

Als seine Augen sich an die Dunkelheit und die bunten Blitze über der Tanzfläche gewöhnt hatten, sah er sie sofort. Allein in der Ecke der Tanzfläche wiegte sie sich im Rhythmus des Songs. Sie hatte die Arme um sich selbst geschlungen und ihre Augen waren geschlossen.

Er hatte wieder ein Déjà-vu, wie damals vor vielen Jahren spürte den Verlust und die Jahre des Suchens. Ihre letzte Begegnung für eine lange, lange Zeit. Sie trug Jeans, Turnschuhe und eine weiße Bluse. Ihre hellen Locken fielen ihr ins Gesicht. In den zuckenden Blitzen wirkte sie surreal, wie aus einer anderen Welt.

Er dachte an ihre letzte Begegnung vor vielen Jahren, bevor er sie verloren hatte. Sie wirkte allein und unendlich traurig, wie damals. Das sollte nicht sein. Er bewegte sich schnell auf sie zu und umschlang sie von hinten mit seinen Armen. Hielt sie einfach fest und presste seine Lippen auf ihre weiche Haut im Nacken. Er fühlte ihren aufgeheizten Körper und roch den Alkohol. Für den Bruchteil einer Sekunde versteifte sich ihr Körper, dann erkannte sie ihn. Warum auch immer.

Hauptsache, sie lag wieder in seinen Armen, er wollte sich jetzt keine Fragen stellen. Als er sie zu sich umdrehte, um sie zu küssen, sah er, dass Tränen über ihre Wangen liefen.

Sie weinte.

Er küsste sie, bis sie keine Luft mehr bekam. Schmeckte die Longdrinks auf ihrer Zunge und atmete ihren vertrauten Geruch ein. Gott, hatte er sie wieder vermisst. Sie jetzt hier in den Armen zu halten, fühlte sich an wie ein Geschenk. Gerne hätte er gesagt, keine Tränen, ich bin jetzt hier, bei dir, wegen dir, ich lasse dich nicht mehr los. Aber das konnte und wollte er nicht aussprechen.

Er fühlte ihren weichen Körper und schon wieder die Lust und die Gier auf ihre Haut. Er bog ihren Hals nach hinten durch und vergrub seine Hände in ihrem weichen

Haar. Sie mochte es, wenn er ein bisschen gröber war, und er biss ihr leicht in die Halsbeuge. Eine Hand auf ihrem Arsch, presste er sie an sich. Alles in ihm schrie nach einem Fick mit ihr.

Am Arm zog er sie zum Ausgang und drückte sie draußen gegen ihren Wagen. Er schob eine Hand zwischen ihre Beine und die andere unter ihre Bluse. Seine Zunge spielte mit ihren Lippen und sie war so warm, weich und willig. So war sie immer zu ihm, das war es was ihn verrückt machte, dachte er noch, bevor er gar nicht mehr denken wollte. Sie wollte ihn genauso, wie er sie wollte.

Er musste sie haben, schnell, er hatte das Gefühl es kaum noch auszuhalten, hier am Auto, auf dem Parkplatz.

Die ganze Fahrt über hatte er sich schon ausgemalt, was er alles mit ihr machen würde, wenn er sie nackt vor sich hätte. Seine Fantasie hatten ihn schon auf dem Weg hierhin mächtig aufgeheizt. Jetzt wollte er nur noch schnell in das Ferienhaus und ihr die Sachen vom Leib reißen und sie durch das ganze Haus vögeln. Er wollte sie stöhnen und betteln hören, ihr lautes Seufzen, wenn sie kam, mit seiner Zunge in ihrem Mund ersticken. Am liebsten hätte er sie schon hier am Auto gevögelt, so wie sie es schon mal in der Gasse hinterm Restaurant gemacht hatten. Aber ihre Hose behinderte ihn und verhinderte, dass er sich gehen ließ. Hier, in der Öffentlichkeit, musste er sich beherrschen.

Also drückte er sie in ihr Auto, ging zu seinem rüber und startete den Motor.

Die Fahrt zum Haus zurück, kam ihm lange vor. Seine Hose drückte im Schritt und sein Schwanz schwoll gar nicht ab, obwohl sie nicht mit im Wagen saß.

Was sie mit ihm machte, erstaunte ihn immer wieder. Wie ließ sich das alles erklären? Er hatte sich keine Gedanken gemacht, wie viel sie wohl getrunken hatte, doch sie fuhr vor ihm und alles wirkte normal. Er hätte sie bei sich mitnehmen sollen. Ihr Auto hätten sie morgen holen können.

Bei der Ankunft am Haus parkten sie hintereinander, dann zog er sie in Richtung Haustür. Es war dunkel und kalt und die Brandung rauschte hinter ihnen. Sie schloss die Haustür auf und er drückte sie mit einem Ruck hart an die Wand, hielt ihr die Arme an der Wand über dem Kopf fest, und küsste sie, bis sie keine Luft mehr bekam.

Sie schrie überrascht auf, als er um ihre Hüften griff und sie hochnahm, schlang aber sofort die Beine um ihn. Gierig küsste sie ihn und wühlte in seinen Haaren. Er setzte ihren Arsch auf den Schrank neben sich und zog ihr mit einem Ruck die Jeans runter. Mit der Hand riss er ihre Bluse auf und hörte die Knöpfe auf den Boden fallen. Er zog ihr das Wäschestück einfach unter die Titten und hatte sofort ihre Brustwarze im Mund. Sie stöhnte und er wusste, dass er nicht allein so geil war.

Sein Shirt und seine Jacke hatte er achtlos zu Boden geworfen und mit einem Griff seine Hose geöffnet. Sie hatte die Beine für ihn gespreizt und schob ihm ihre nasse Mitte entgegen. Ihre Beine umschlangen ihn und sie klammerte sich an seinen nackten Oberkörper.

Mit einem Stoß war er in ihr. Sein Gehirn schaltete sich aus, er wollte nur noch fühlen. Ihr nah sein ... So nah es ging ... Sie hatten die ganze Nacht Zeit ...

Zwei Tage und Nächte vögelte er sie durch alle Zimmer

des Ferienhauses. Er machte sich keine Gedanken um Essen oder Trinken oder darum, an die frische Luft zu gehen. Nur das Hier und Jetzt wollte er spüren. Ihre Haut und ihren Körper mit all seinen Sinnen genießen, jeden Augenblick auskosten, um sich eine Erinnerung zu schaffen, die nur ihm gehörte. Wenn er sich entschied, das Ganze zu beenden, dann wollte er sicher sein, jede Minute mit ihr genutzt zu haben. Er schaltete seine Gedanken aus und ließ seine Sinne die Führung übernehmen. Sie fragte nichts und sprach nicht viel. Er hatte das Gefühl, dass sie genauso dachte und agierte wie er.

Nach zwei Tagen und Nächten verließ er leise mit einem Abschiedskuss das Haus. Es hatte für ihn etwas Unwirkliches an sich, nach Hause zu fahren und in seinen Alltag zurückzukehren. Er fühlte sich allein und leer.

Gerne wäre er noch geblieben, um etwas Leben mit ihr zu teilen. Strandspaziergänge, etwas Essen gehen, oder einfach wie ein normales Paar durch die Gassen des Ortes schlendern, Hand in Hand, zu zeigen, wir gehören zusammen.

Plötzlich fühlte er sich schlecht. Schlecht ihr gegenüber. Er hatte sie 48 Stunden lang gefickt, kannte jedes Haar und jedes Muttermal ihres weichen anschmiegsamen Körpers. Er mochte ihren Duft, ihre dunkle Stimme, ihr Lachen und wie sie ihn berührte. Er mochte eigentlich alles an ihr.

Es war die alte Anziehungskraft, die über Jahre noch intensiver geworden zu sein schien. Sie gab ihm das Gefühl, wieder jung zu sein, nur für ihn da zu sein. Begehrt zu werden, auch wenn er nicht mehr der Jüngste war.

Es war ein gutes Gefühl, was sie ihm da vermittelte. Wie eine Droge, von der man die Finger nicht mehr lassen konnte. Das hatte ihm in den letzten Monaten und Jahren gefehlt. Nicht nur den Alltag zu haben, sondern wieder die Lust am Leben zu spüren.

Hier, jetzt, im Auto, auf dem Weg zurück in seinen Alltag ohne sie, gestand er sich ein: Er hatte sich in sie verliebt ... Das Eis hatte Risse erhalten, er hatte es geahnt. Das konnte und durfte nicht sein. Er würde sich zurückziehen und sich aus der Beziehung rausnehmen. Die Kontrolle über sein Leben wollte er auf keinen Fall verlieren und er wusste, er war auf dem besten Weg, dass es passierte. Er musste gegensteuern und Schadensbegrenzung betreiben, sonst würde ihn das alles in die Tiefe ziehen. Für die Liebe zu ihr, die weder zu ihm noch in sein Leben passte, war absolut kein Platz. So eine Situation, die ihn zu einer Entscheidung zwang, die er nicht treffen wollte, musste er sich momentan nicht antun. Und er wollte es auch nicht.

Sollte sie ihrer Wege gehen, er würde auf seinem bleiben. Sich auf nichts mehr einlassen, war der Vorsatz, den er fasste. Alles andere war zu mühsam, auch wenn es das vielleicht wert wäre. Er hatte sich mit solchen Dingen schon immer schwergetan, war komischerweise im Berufsleben immer klar, sicher und fokussiert, im privaten Bereich eher zögerlich und zurückhaltend in seinen Entscheidungen. In Liebesdingen eher unbeholfen, langsam und unsicher.

Sein Leben waren seine Familie und sein Job. Immer gewesen und so sollte es auch bleiben für ihn.

Ganz hinten in seinen Gedanken fragte er sich, ob diese Entscheidung richtig war oder ob er es irgendwann einmal bereuen würde. Aber man konnte nicht immer im Leben alles voraussehen, das hatte er zu Genüge gelernt.

Sie war anders als alle anderen Frauen, die er kannte, das hatte er als Anreiz gesehen. Mit beiden Beinen sicher im Leben hatte sie sich etwas aufgebaut, war unabhängig von einem Mann, gestaltete ihr Leben selbst.
Er fand sie tough, aber gleichzeitig weich und verletzlich. Sie hatte ein mitleidiges Wesen und ein gutes Herz für alles und jeden. Immer sah sie in jedem Menschen nur Gutes, das würde ihr irgendwann zum Verhängnis werden.

Jetzt auch bei ihm, er krümmte sich vor Scham innerlich zusammen, weil er das Gefühl hatte, sie zu enttäuschen. Sie würde denken, dass sie sich in ihm geirrt hatte. Betrogen und verarscht würde sie sich vorkommen, aber das war nun nicht mehr zu ändern. Warum nur musste er sich auf so was einlassen? Es war dumm von ihm zu glauben, er käme jederzeit unbeschadet aus dieser Beziehung. Genauso dumm wie damals, da hatte er auch gedacht, dass sein Tun keine Konsequenzen hätte.

Er fühlte sich ein bisschen an einen Film erinnert, nur dass sie keine Stalkerin war.

Hier, auf der Autobahn, erinnerte er sich an die letzten wundervollen 48 Stunden, die ihm mit ihr vergönnt gewesen waren. Das würde er für immer in seinem Kopf zurückbehalten ...

Das der Abschied von ihr unvergesslich war ...

Ganze sechs Wochen schaffte er es, sich mit seiner Arbeit und Alltagsangelegenheiten abzulenken. Er war oft gereizt und schlecht gelaunt, auch zu seiner Familie. Seine Sehnsucht nach ihr und ihrem Körper ließen ihn ungerecht werden. Oft ertappte er sich mitten in den Gedanken, wie er ihr die Bluse vom Leib gerissen hatte, in dem Ferienhaus. Er hörte wieder die Knöpfe, die zu Boden fielen. Sah ihr Gesicht vor sich, wie sie mit geschlossenen Augen seinen Namen stöhnte.

Auch der tägliche Austausch von Nachrichten mit ihr fehlte ihm. Zum Teufel, er war ein erwachsener Mann und ließ sich doch nicht von seinen Gefühlen in die Irre leiten. Es war nur Sex, nur ein guter Fick, das konnte er auch woanders bekommen. So besonders war sie doch auch nicht.

Das Problem war, er war sehr wählerisch und es kam nicht irgendeine in Frage, wenn er ficken wollte. Da musste schon alles passen.

Er dachte grinsend an seinen besten Freund, der da nicht differenzierte. Hauptsache, sie war willig. So war er selbst nicht, war er nie gewesen. Er wollte sie vögeln, nicht irgendeine, die ihm gar nichts bedeutete.

Sie passte nicht zu ihm, hatte sie nie getan. Die gesellschaftliche Barriere war schon zu groß. Er konnte sich lebhaft die Gesichter seiner Familie vorstellen, wenn er mit diesem Paradiesvogel auftauchte. Auch seine Freunde würden schockiert sein. Sie war bunt und schrill und nicht zu übersehen. Vom Kleidungsstil bis zum Lachen war sie alles andere als Durchschnitt. Immer ein wenig zu frech und vorlaut. Sie redete viel, war zappelig und irgendwie immer überkandidelt. Aber gerade das hatte ihm gefallen. Dass sie nicht alltäglich war und ihn oft zum Schmunzeln brachte.

Aber es war lächerlich, auch nur einen Gedanken daran zu verschwenden, sie in sein Leben zu lassen. Trotzdem fehlte sie ihm, er konnte es nicht leugnen. Sollte er anrufen? Sie meldete sich nie zuerst bei ihm, da konnte er lange warten.

Vermisste sie ihn denn kein bisschen? War er auch nur ein

Fick für sie?

Sie hatte nie etwas gefordert, verlangt oder erwartet von ihm. Tief in seinem Innern wusste er, dass sie ihn liebte und deswegen nie etwas verlangte. Aber wahrhaben wollte er es in diesem Moment nicht. Er steigerte sich in die Tatsache rein, dass sie nichts für ihn empfand. Wenn er sich das als sein persönliches Mantra erwählen würde, könnte es funktionieren.

Wenn er auch nur ein guter Fick für sie wäre, könnte er sie anrufen und sie sehen. Dann wäre es einfach guter Sex und eine Freundschaft. Folglich müsste er sich keine Gedanken machen. Sie brauchte ihn so wenig, wie er sie brauchte. Kein schlechtes Gewissen, sondern einfach nur unverfängliches Vögeln.

Diese Überlegungen gefielen ihm so gut, genauso sollte er die Sache angehen. Nur mit dem Kopf, nicht mit dem Herzen.

Er wollte sie. Sechs Wochen waren eine lange Zeit. Er griff zum Telefon und wählte ihre Nummer ...

„Ich will dich sehen!“

Sie hatte ihm anstandslos ihre neue Adresse genannt und er hatte sich nach einer Dusche auf den Weg zu ihr gemacht.

Er war aufgeheizt, nervös und geil.

Müsste er etwas erklären? Würde sie Fragen stellen? Fragen die er nicht beantworten wollte.

Er wollte nicht reden, wollte nicht lügen. Das war das Letzte was er vorhatte. Ausflüchte und Lügen würden ihm das Wiedersehen mit ihr verderben. Er wollte sie nur fühlen, ihre Stimme hören und in ihre dunklen Augen sehen. Wollte sie nur küssen und alles andere vergessen.

Unruhig rutschte er aus dem Wagen an der angegebenen Adresse. Das Wohnviertel war besser als beim ersten Mal, wenn auch das Haus ein eher schäbiger Klotz war. Wenigstens etwas, dachte er sich. Nicht mehr das Armenviertel, sie hatte sich eindeutig verbessert.

Als er die fünf Stufen hochging, spürte er das Kribbeln in seinen Lenden. Es war über sechs Wochen her. Er war so geil, geil auf sie. Wie früher wünschte er sich nur, ihr den Verstand aus dem Hirn zu vögeln.

Die Haustür öffnete sich, nachdem er kurz geklingelt hatte. Sie stand in der Tür und schaute ihn mit traurigen Augen an. Es war ihm egal, drei Schritte und sie lag in seinen Armen. Er warf die Tür mit dem Fuß zu, erstickte all ihre Fragen mit einem Kuss und seinem Körper.

Sein Verstand schaltete sich aus und er wollte nur noch fühlen. Er meinte zu erkennen, dass sie nichts anderes wollte von ihm, jetzt, hier, in diesem Moment.

Das sie ihn genauso wollte wie er sie. Sein Mund auf ihrem verhinderte alle Fragen.

Seine Hände auf ihrer Haut ließen sie verstummen. Seine Küsse ließen sie vergessen. Seine nackte Haut brannte auf ihrer, die Gier, wieder in ihr zu sein, ihr ganz nah zu sein.

Sie presste ihren nackten Körper an ihn und er hielt sie, als wenn er sie nie wieder loslassen wollte. Alle Traurigkeit in ihm war vergessen. Sie stöhnte immer wieder seinen Namen. Als er seinen Kopf zwischen ihre Schenkel schob, bäumte sich ihr Körper auf vor Lust. Sein Mund und seine Zunge ließen sie nach Luft schnappen. Er wusste genau, wie sie es wollte, er wusste, wie er sie anfassen musste, dass sie alles vergaß.

Er erstickte ihren Aufschrei mit einer Hand auf ihrem

Mund, mit der andern hielt er ihre Arme über dem Kopf fest. Dann drang er in sie ein.

Sein Schwanz füllte sie aus und mit kraftvollen Stößen trieb er sie dem Höhepunkt entgegen.

Er wünschte sich in diesem Moment, ihr alles sagen zu können, was er empfand, und wie sehr sie ihm fehlte. Aber hier im Flur, auf dem Boden, wollte er einfach nur endlich Erleichterung.

Er sah in ihr Gesicht, ihre Augen waren geschlossen. Sie ließ sich fallen, gab sich ihm hin, und er wünschte sich, das dieser Taumel von Lust und Gier aufeinander niemals enden würde. Sie kamen gemeinsam ...

Ihre Enttäuschung.

Wieder hatte er wortlos mit einem Kuss ihre Wohnung verlassen. Nachdem er sie die halbe Nacht quer durch die ganze Wohnung gevögelt hatte, fühlte sie sich müde als er ging. Müde und enttäuscht.

Was dachte er sich dabei, wenn er hier auftauchte und sie benutzte, um seine Gier zu stillen, die ihr unersättlich zu sein schien. Sie hatte so viele Fragen stellen wollen, aber seine Stimmung hatte sie verstummen lassen. Er wirkte gehetzt und seine Augen waren leer gewesen.

Beim Sex hatten sie sich aneinander geklammert wie zwei Ertrinkende. Als würde die Zeit stillstehen.

Alles in ihr hatte nach Klarheit geschrien, wollte etwas Greifbares, aber mutlos hatte sie sich der Situation ergeben.

Seine Hände und Lippen waren grob zu ihr gewesen. Fast schon schmerzhaft, als wenn er ihr wehtun wollte. Teilweise hatte sie sich benutzt gefühlt, als wenn seine Berührungen nicht ihr galten, sondern einfach nur um sich Befriedigung zu verschaffen.

Dreimal hatte er sich wortlos genommen, was er wollte, und sie hatte nicht gewagt, nein zu sagen. Hatte sie ihn falsch eingeschätzt und ihre Beziehung, die ja nur rein sexueller Natur war, entartete jetzt?

Ihre Sehnsucht war so groß gewesen, nach ihm. Nun fragte sie sich, ob es das wert gewesen war.

Als sie sich ein Bad einließ fühlte sich ihr Körper an, als wenn er auf sie eingeprügelt hätte. Ihre Lippen waren wund, sie hatte einige blaue Flecken davongetragen. Sie mochte eigentlich, wenn er ein wenig grob war, aber gestern hatte er eindeutig etwas zu unkontrolliert gehandelt.

Es war zu viel und zu heftig gewesen, sie war froh, als er die Wohnung verlassen hatte. Scham vor sich selbst machten sich in ihr breit. Er war über das Ziel hinausgeschossen, das hatte nichts mehr mit Freundschaft oder Leidenschaft zu tun. Es war außer Kontrolle geraten und sie hoffte, dass er sich nun nicht mehr melden würde. Es wäre besser so.

Sie würde nicht die Kraft haben, ihn aufzuhalten, wenn er sich so vergaß. Irgendwann würde es ein böses Ende nehmen. Sie hatte eine Vorahnung, was alles passieren könnte, wenn er sich völlig vergessen würde.

Sie hatte ihn immer aufgefordert, sich gehen zu lassen und mehr aus dem Gefühl heraus zu handeln. Was aber wäre, wenn er innere Dämonen hatte, die sie nicht kannte? Die sie nicht aufhalten konnte?

Sie würde nicht einfach den Dingen ihren Lauf lassen, sie musste sich aus dieser obsessiven Beziehung befreien, sonst könnte sie sich in eine Abhängigkeit begeben, die sie irgendwann bitter bereuen würde.

Er war ein Mann, den sie nicht bremsen konnte und auch nicht wollte. Sie passten nicht zusammen, das erkannte sie nun. Jetzt hatte sie die Klarheit, die sie sich so gewünscht hatte. Aber es war nicht das, was sie wollte. So elend war es ihr schon lange nicht mehr gegangen. Die Erkenntnis, der seelische und körperliche Schmerz schienen kaum auszuhalten zu sein.

Gedemütigt ließ sie sich in das heiße Badewasser sinken.

Ein Tränenstrom bahnte sich seinen Weg, Tränen der Enttäuschung ... Sie hatte sich zu lange etwas vorgemacht.

Das Gefühl, allein zu sein, verlassen und benutzt, hämmerte hinter ihrer Stirn ... Aber es schmälerte nicht ihre Liebe zu ihm, es war zu spät. Sie war schon zu tief in diese dunkle Gefühlswelt eingetaucht.

Tage und Wochen verstrichen.

Fast jeder sprach sie an, wie schlecht sie aussehe. Es war ihr egal, ihre Gedanken an ihn machten sie appetit- und antriebslos. Ihr Feuer für ihn und ihr Lachen waren erloschen. Zu groß die Demütigung und der Schmerz der Erinnerung an ihre letzte Begegnung. Einsam waren die Tage ohne seinen Zuspruch und traurig die Nächte in denen sie sich in den Schlaf weinte.

Wieso hatte sie es nicht früher erkannt?

Wollte er deshalb nichts Greifbares mit ihr beginnen?

Weil er sie einfach so benutzte wie es ihm gerade passte?

Vielleicht war das einer der Gründe, sie konnte es sich gut vorstellen. Fragen über Fragen, Aussichtslosigkeit auf erhoffte Antworten.

Jede geweinte Träne brachte sie ein Stück weiter in dem Heilungsprozess ihrer Seele. Sie gestand sich ein, dass sie sich hoffnungslos in die Tatsachen verrannt hatte.

Er wollte Sex, sie suchte Liebe. Sie hatte es in ihrem Bauch gefühlt, ganz tief in ihrem Inneren hatte sie es von Anfang an so gesehen. Somit war es von Anfang an eine Fehlinvestition ihrer Gefühle gewesen.

Nach gut zwölf Wochen erwachten ihre Lebensgeister wieder. Sie konnte sich nicht ewig in ihrem Schmerz vergraben und sich in Selbstmitleid suhlen. Es war an der Zeit, wieder nach vorne zu schauen und sich aufzurichten, um weiterzugehen. Sie traf sich mit Freundinnen, ging ins Kino oder ins Café, fing wieder an, ihr Leben zu leben und zu genießen. Es war zu kurz, um es mit Trauer zu füllen und Zeit zu verschwenden. Sie war immer schon eine starke Frau gewesen, die Niederlagen verarbeiten konnte. Manche dauerte länger, sie wusste, dass sie diese Niederlage bis an das Ende ihres Lebens begleiten würde. Er war immer ein besonderer Mann für sie gewesen und der Verlust saß tief und hatte sie bis in die letzte Ecke ihrer Seele erschüttert. Diese Narbe würde nie richtig verheilen.

Er meldete sich dann und wann mit Fragen nach ihrem Befinden, oder etwas ähnlich Belanglosem. Wahrscheinlich aus Pflichtgefühl, dachte sie. Oder aus Anstand, ihrer alten Freundschaft wegen. Noch immer vertraute sie ihm, obwohl er sie verletzt hatte. Sie hätte Nein oder Stopp sagen können. Das hatte sie nie getan.

Er hingegen hätte nie etwas gegen ihren Willen getan, das wusste sie genau. Sie hatte sich ihm angeboten, er hatte sich genommen was er wollte. So einfach war das.

Woher hätte er wissen sollen, dass ihre Vorstellung anders war? Hatte sie nicht immer geschwiegen, aus Angst vor dem Nein und der daraus resultierenden Enttäuschung?

Aus Angst vor Ablehnung oder Spott? Mehr als einmal hatte er ihr klargemacht, dass er nicht an die wahre Liebe glaubte. Nur an die Lust und das Begehren. Das hatte sie gewusst und auch geahnt, dass es dadurch irgendwann zum Bruch kommen würde.

Nun war es passiert und der Schaden an ihrer Seele würde langsam heilen. Sie wusste nicht, wie lange der Prozess dauern würde, aber jeden Tag fühlte sie sich ein Stückchen mehr in die normale Welt zurückversetzt. Eine Welt ohne ihn, ohne seine Freundschaft und seine Zuneigung. Es würde dauern, bis diese Wunde verheilt wäre, die Narbe, die bleiben würde, musste sie ein Leben lang tragen. Sie würde immer wieder an ihn und ihre Liebe zu ihm zurück denken ...

Kapitel 9

Die Einladung

Ein halbes Jahr nach ihrer letzten Begegnung rief er sie an.

Ihr Leben verlief mittlerweile wieder in geregelten Bahnen, sie hatte sich wieder aufgerafft und den Verlust seiner Freundschaft verarbeitet. Nicht aber ihre unerwiderte Liebe. Tief in ihrem Herzen vergraben, war die Sehnsucht nach ihm da.

Jeden Tag aufs Neue sehnte sie sich nach seiner Stimme, seinem Lachen, seinen manchmal dummen Geschichten und seinen Ratschlägen. Seine Freundschaft fehlte einfach. Über zwei Jahre war er wieder in ihrem Leben gewesen, nun war er weg. Und die Lücke, die blieb, war genauso groß wie vor über 20 Jahren.

Die körperliche Sehnsucht nach seinen Lippen und seiner Leidenschaft war an manchen Tagen so stark, dass sie sich angewöhnt hatte, sich mit Lauftraining auszupowern. Das half kurzfristig. Mit lauter Musik auf Kopfhörern versuchte sie sich die Sehnsüchte regelrecht rauszulaufen. Wenn sie danach dann ausgepowert in das heiße Badewasser glitt, war er wieder da. So präsent, als wenn er nie weg gewesen wäre. Aus ihrem Kopf wollte er einfach nicht verschwinden.

Dann kam der Tag, an dem er sie anrief. Seine Stimme am Telefon hörte sich traurig an. Ein kleines Landhaus habe er für ein Wochenende gemietet. Mit ihr würde er gerne die Zeit dort verbringen, er wollte ihr einiges erklären. Er würde sich freuen, wenn sie Zeit für ihn hätte.

Es war seltsam, seine Stimme zu hören nach einem halben Jahr voller Sehnsüchte. Er hörte sich unsicher an und benutzte ungewöhnlich oft das Wort „bitte“.

Sie war sich genauso unsicher, das spürte er auch. Immer wieder das Wort „bitte“. Fast flehend.

Trotz ihrer Unsicherheit, sagte sie zu. Sie brauchte einen Abschluss mit ihm, für sich. Vielleicht würde es ihr dann besser gehen, vielleicht würde sie Antworten auf ihre Fragen erhalten. Ihre Liebe zu ihm war nicht weniger geworden und ihre Sehnsucht groß.

Vielleicht war es auch seine traurige Stimme oder ihr Glaube an das Gute, was sie dazu bewog zuzusagen.

Zwei Tage bis zum Freitag vergingen wie ihm Flug und sie fuhr zeitig los. Gegen Mittag erreichte sie das wunderschöne kleine Landhaus inmitten von Feldern und Wald. Die Fahrt war entspannt verlaufen, aber das letzte Stück war sie immer unruhiger geworden. Einsam gelegen auf einer kleinen Anhöhe umgeben von Rosenbüschen an den Hauswänden. Traumhaft, dachte sie, als sie ausstieg.

Die Sonne schien mild und der Wind blies sanft in die Blätter und Gräser. Der Duft des Sommers lag in der Luft.

Alles wirkte warm und glänzend, versetzte sie in eine merkwürdige Stimmung. Die Natur zeigte sich hier in beinahe unnatürlicher Schönheit. Es wirkte wie ein Haus in einem Märchenwald, es fehlte nur noch die böse Hexe. War es eine Vorahnung, dass es nicht richtig war, was sie hier tat?

Sein Wagen parkte vor der Tür, ihre Hände zitterten, als sie die Tasche aus ihrem Auto zog. Sie ließ den Kofferraumdeckel zufallen und ging langsam über den Kiesweg Richtung Eingang. Ihn jetzt gleich hier wiederzusehen, verunsicherte sie bis in ihr tiefstes Inneres. Bewusst trug sie sportliche Kleidung und hatte ihre Locken zum Zopf gebunden. Eine Aussprache sollte nicht schon wieder nur mit Sex enden. Sie war nicht den weiten Weg gefahren, um wieder ohne Antworten zu sein. Diesmal musste alles gesagt werden, damit sie beide ihr Leben weiterführen konnten, ohne Reue oder schlechtes Gewissen.

Ihr kam es so vor, als wenn er ein schlechtes Gewissen hätte, sie wollte ihm sagen, dass er das nicht brauchte.

Sie würde ihm sagen, dass sie ihn liebte. Ob er es hören wollte oder nicht, war ihr egal. Sie hatte lange genug geschwiegen und ihre Gefühle unterdrückt, um ihn nicht zu bedrängen. Jetzt war es genug.

Ihr Schweigen hatte sie beide erst in diese Situation gebracht und nun hatte sie die Gelegenheit, alles richtigzustellen. Und das würde sie tun, egal, wie seine Reaktion heute darauf wäre. Dann würde sie sich halt wieder auf den Weg nach Hause machen, wenn es ihm nicht passte, was sie zu sagen hatte. Sie hatte sich mit der Situation abgefunden und es war gut so. Manchmal musste man seinen eigenen Dämonen ins Gesicht schauen, das hatte sie gelernt.

Mit diesem Entschluss ging sie auf das Haus zu und drückte die Eingangstür auf, die nur angelehnt war. Fünf Schritte und sie stand im Wohnzimmer. Im Kamin brannte ein Feuer und leise Musik war im Hintergrund zu hören. Ein schöner, heller Raum mit Möbeln aus Holz, vielen Kissen und Fellen und dicken Teppichen.

Er hatte Geschmack, das musste man ihm lassen. Alles in diesem Häuschen schrie nach Liebesnest, war romantisch, gediegen und geschmackvoll. Silberne Lüster mit hohen Kerzen, Obstschalen mit Erdbeeren, er erfüllte auch wirklich alle Klischees.

Sie musste lächeln, das war eher ihr Geschmack, doch nicht seiner, oder? War hier wieder eine neue Seite, die sie nicht kannte?

War er Dr. Jekyll und Mr. Hyde?

Er stand mit dem Rücken zur Tür und drehte sich langsam zu ihr um. Sie blickte auf seine breiten Schultern und wartete ab, bis er sich ihr ganz zugewandt hatte. Dann schaute sie in seine Augen. Er war blass und schlanker geworden, doch sah sie nur die Freude in seinen Augen leuchten.

Was hatte er ihr doch gefehlt, alles an ihm hatte ihr gefehlt! Egal, was gewesen war, egal, was kommen würde, es konnte nicht schlimmer werden.

Mit drei Schritten war sie bei ihm und nahm sein Gesicht in ihre Hände. In seinen Augen brannte die Sehnsucht nach ihr und er schlang seine Arme um ihre Taille. Er löste ihren Zopf und ließ ihr Haar durch seine Finger gleiten. Ganz sanft berührten seine Lippen ihre. Er küsste ihre Stirn, ihre Augenlider, ihre Wangen und hielt sie fest.

All ihre geweinten und ungeweinten Tränen waren vergessen. All die Trauer, der Schmerz und die Mutlosigkeit waren fort. Sie fühlte sich leicht und glücklich und ihr Herz schlug bis zum Hals.

Hier und jetzt würden sich all ihre Ängste und Unsicherheit in Luft auflösen. Ein Blick in seine Augen sagte ihr, dass er sie genauso schmerzlich vermisst hatte. Sie hatte nicht allein gelitten.

Auch ihm war es schlecht gegangen ohne sie. Mehr brauchte sie nicht zu wissen, keine Worte oder Erklärungen waren mehr nötig.

Das erste Mal, seit sie ihn kannte, konnte sie in seinem Gesicht lesen, was er für sie empfand. Und das war ihr mehr als genug ...

In seinen Armen zu liegen, seine Wärme zu fühlen, sein Herz schlagen zu hören, das war das, was zählte.

Wieder waren keine Worte nötig, als er sie vor den Kamin zog und ihren Körper betrachtete. Eigentlich sollte es heute nicht so sein, aber es war ihr egal. Er zog sein Shirt aus und setzte sich auf die dicke Decke vor dem Kamin. Langsam fing er an sie zu entkleiden, legte ihre Sachen fast andächtig neben sich.

Sie ging in die Knie und beugte sich zu ihm hinunter, streichelte mit ihren Lippen die Haut seines nackten Oberkörpers.

Fühlte seine Wärme und roch seine Haut. Mit den Fingerspitzen streichelte er ihren Rücken sodass sich die feinen Härchen im Nacken bei ihr aufstellten. Sie hatte eine Gänsehaut und ihre Nippel streckten sich ihm hart entgegen.

Er spielte damit, mit seinen Lippen und seiner Zunge. Sanftes Beißen und Saugen. Sie schloss die Augen und horchte auf ihr klopfendes Herz, spürte dieses Ziehen im Unterleib, fühlte, wie sie feucht wurde. Alle guten Vorsätze waren vergessen.

Nicht nachdenken, nur das Jetzt zählt.

Er flüsterte ihren Namen, hauchte ihr ins Ohr, wie sehr er sie vermisst habe, wie gut sie sich anfühle, wie weich ihre Haut sei. Sie schmolz unter seinen Fingern dahin, erbebte bei jeder Berührung.

Langsam zog sie seine Jeans runter und betrachtete seinen harten Schwanz. Sie wollte ihn, da gab es kein Leugnen. Ihre langen Locken streiften seine Haut und er erschauerte.

Er nahm ihr Gesicht in seine Hände und blickte ihr liebevoll in die Augen. Sein Kuss war zärtlich. Seine Hände waren sanft zu ihr, nichts war von der Grobheit der letzten Male zu spüren. Jeden Zentimeter ihrer Haut liebkoste er mit unendlicher Sanftheit.

Er ließ sich sehr viel Zeit, sie scharf zu machen.

Sie war schon auf der Hinfahrt feucht geworden, der Gedanke, vielleicht wieder mit ihm zu vögeln, hatte sie schon aufgegeilt.

Seine Hände wurden leidenschaftlicher und sein Körper fordernder. Aber immer noch ruhig und beherrscht.

Als sie seinen Schwanz anfassen wollte, hielt er ihre Hand fest. Seine Augen sagten, jetzt bist du dran, ich will dir alles geben, was du dir erträumt hast. Seine Zunge spielte an ihren Brüsten, bis sie seinen Kopf runter in ihren Schoß schob. Er wusste genau, was sie wollte, ließ sich unendlich viel Zeit, ihre Schenkel und die zarte Haut, um das nasse Fleisch herum zu küssen.

Sie stöhnte laut und bewegte unruhig ihren Leib. Lange würde sie es nicht mehr aushalten.

Es machte ihm Spaß, sie so zu sehen, zu hören, wie sie seufzte und stöhnte und seinen Namen sagte.

Sie wusste, er mochte es, wenn sie laut war. Mit einem Griff in seine Haare lenkt sie seinen Kopf in ihre Mitte.

Endlich tat er ihr den Gefallen und leckt einmal durch ihre Spalte. Sie zog die Beine hoch, sodass sie ihn intensiver spüren konnte.

So, gut wie er küsste, so gut konnte er sie lecken. Er hatte genau das richtige Gefühl für ihren Körper und wusste, wo er sanft oder fordernder sein musste. Sie würde kommen, wenn er nicht aufhörte.

Noch sollte es nicht vorbei sein. Sie wollte heute auf dem Höhepunkt der Lust in seine Augen schauen. Wollte sein Gesicht dabei sehen, versuchen, darin zu lesen, um ihre Unsicherheit loszuwerden.

Sie schob ihn weg und er legte sich auf den Rücken. Sie sah, wie hart sein Schwanz war, und langsam setzte sie sich auf ihn. Seine Latte fand von selbst den Weg und langsam schob sie ihm ihr Becken entgegen.

„Sieh mich an, sieh mich an dabei“, forderte sie ihn auf.

Er gehorchte und schaute in ihr Gesicht. Seine Augen hatten diesen leicht glasigen, starren Blick und sie wusste, er konzentrierte sich, um nicht zu kommen.

Sie beugte sich runter, bot ihm ihre Brüste an, er seufzte und seine Bewegungen wurden hektischer. Sie zwang ihn runter mit ihrem Becken und stützte sich auf seiner Brust ab. Dann sah sie ihm in die Augen und begann ihr Becken kreisen zu lassen. Jetzt hatte sie ihn so weit, dass er sich ergab.

Tief steckte er in ihr und übergab ihr die Kontrolle.

Sie spürte ihren Höhepunkt nahen, wollte den Blickkontakt mit ihm halten. Er nickte leicht, schaute in ihre Augen und sie keuchte seinen Namen.

Sie spürte, wie ihre Muskeln sich zusammenzogen, er drehte sie mit einem Ruck um und stieß einmal hart zu. In seinem Blick sah sie nichts anderes als Liebe. Keine Dämonen, nur Liebe ...

Sie schloss endlich ihre Augen und fühlte seinen Kuss.

Es würde ein wunderbares Wochenende werden, sie konnte es fühlen ...

Alles war gut...

Sie hatten einen wunderschönen Tag verbracht. Mit Gesprächen über ihren Alltag und die Sehnsucht, die sie nacheinander gehabt hatten.

Zurück am Haus klingelte sein Telefon, er lächelte ihr entschuldigend zu und gab ihr einen flüchtigen Kuss auf die Stirn. Dann nahm er das Gespräch an.

Sie ging in die Küche und bereitete einen kleinen Imbiss zu. Im Hintergrund hört sie seine Stimme, er redete leise. Er hörte sich wütend an, er wurde nie laut, sein Tonfall wurde scharf, wenn er sauer war, sein Tonfall und seine Worte waren hart.

Sie verstand etwas von „unpassend", und „wenn es sein muss". Aber in all ihrer Euphorie ignorierte sie das ungute Gefühl in ihrem Bauch.

Er hatte aufgelegt und kam in die Küche. Umschlang sie von hinten mit den Armen und küsste ihren Hals. Seine Stimme war leise, als er ihr erzählte, sein bester Freund habe Probleme und ihn um ein persönliches Gespräch gebeten. Er würde in guten zwei Stunden hier sein. Es würde ihm so gar nicht passen, sagte er, als er sie zu sich umdrehte. Aber er wäre sein ältester, engster Freund und er wollte ihn nicht im Stich lassen. Nur ein kurzes Männergespräch und dann wäre er wieder ganz für sie da. Dieses Wochenende sollte ihnen beiden gehören.

Sie schaute ihn lächelnd an und sagte: „Wir haben alle Zeit der Welt, lass deinen Freund ruhig kommen!"

Beide ahnten nicht, in was für einer Katastrophe der Besuch enden und das sich ihrer beider Leben für immer verändern würde.

Gute zwei Stunden später hörten sie den Wagen die Auffahrt hochkommen. Es wurde langsam dunkel draußen und sie hatte sich ein Buch aus dem Regal ausgesucht. Sie würde lesen und sich nicht in Männergespräche einmischen.

Er stand auf und ging nach draußen um seinen Freund zu begrüßen. Sie konnte ihre Stimmen in der Auffahrt hören, sie waren friedlich. Das schulterfreie Top stand ihr gut und ließ ihre Haut schimmern. Das Buch was sie ausgesucht hatte, erwies sich als spannend, so konnte sie sich ein paar Stunden beschäftigen.

Sie hockte im Schneidersitz in dem Sessel und blickte auf, als beide Männer den Wohnraum betraten. Sein Freund wirkte nett und begrüßte sie höflich. Er war ganz der Typ Geschäftsmann, groß und selbstbewusst. Sie fand, er hatte etwas Unangenehmes in seinen Gesichtszügen, etwas Lauerndes. Auch seine Augen gefielen ihr nicht, gespielte Freundlichkeit, so kam es ihr vor.

Aber sie wollte nicht urteilen und blickte wieder in die Seiten ihres Buches. Es ging auf die Nacht zu und draußen war es mittlerweile richtig dunkel geworden.

Die Männer saßen in der Küche und unterhielten sich leise. Der Freund sprach eindringlich und neigte dazu, laut zu werden. Sie bekam fast seine komplette Wut mit. Er wollte Geld, er brauchte Geld. Sie konnte keine Entgegnung hören, aber sie bekam den unterdrückten Hass in der lauten Stimme seines Freundes mit.

Sie stand auf und ging in die Küche. Beide saßen am Küchentisch und sahen verärgert aus.

Sie ging zu ihm hinüber und küsste ihn, schmeckte den Whiskey auf seinen Lippen. Sah Härte und Zorn in den blauen Augen. Er wirkte beherrscht, aber sie kannte ihn gut genug, um in seinem Blick die Wut zu erkennen, die er gerade verspürte. Zwei Flaschen standen auf dem Tisch, wovon eine schon leer war.

Sie wollte nicht fragen, ob sein Freund zur Nacht bliebe, das wäre nicht ihre Entscheidung.

Der musterte sie gerade mit einem unangenehmen Lächeln von oben bis unten und nickte anerkennend. Dann leckte er sich über die Lippen. Irgendwie hatte er ein schmieriges Lächeln und einen unverschämten Blick. Er gefiel ihr nicht, war ihr völlig unsympathisch. Da war so etwas in seinen Augen, dass sie nicht deuten konnte.

Sie entschuldigte sich, dass sie müde wäre und zu Bett gehen würde. Mit diesen Worten verließ sie die Küche, um nach oben in den Schlafraum zu gehen.

Sie zog sich aus und legte sich ins Bett. Mittlerweile war es gegen 23 Uhr und sie ärgerte sich ein wenig, dass der Freund sich hier so breit machte. Aber in Gedanken beruhigte sie sich, dass er schon gleich verschwinden würde. Er würde ihnen sonst noch die Nacht versauen. Sie wollte ihn für sich haben, dieses Wochenende sollten ihnen gehören.

Die Stimmen unten wurden lauter und sie hörte Schritte draußen auf der Einfahrt und eine Autotür. Gott sei Dank, dachte sie. Endlich verschwindet sein Freund und ruiniert nicht das ganze Wochenende.

Dann hörte sie Schritte auf den Stufen nach oben und er betrat den Raum, es machte den Anschein, dass er angetrunken war.

Er wirkte verärgert, aber auch erleichtert, in der einen Hand die Flasche Whiskey, in der anderen sein Glas. Er setzte sich in den Sessel am Fenster und nahm einen Schluck. Seine Augen blickten zu ihr, zum Bett und er lächelte, sein Blick wurde wieder weicher, die Augen, die sie liebte.

Würde sie ihn von seinem Ärger ablenken können? Sie glaubte zu wissen, wie. Sie schob die Decke zur Seite und begann, ihre Brüste zu streicheln.

Er genoss den Anblick, sie wusste, dass er ihr gern zusah und dass ihn das scharf machte. Sie hatte solche Lust auf ihn, dass es fast schmerzte.

Langsam stand er auf und kam zu ihr herüber. Er zog die Nachttischschublade auf und holte etwas heraus. Es waren Seidentücher. Ruhig fesselte er ihre Hände und Füße an den Bettpfosten.

Sie war so geil, dass es ihr egal war. Immer bereit, etwas Neues mit ihm zu probieren, lächelte sie mit geschlossenen Augen.

Er zog sich aus und legte sich neben sie. Begann, mit den Fingerspitzen ihren Körper zu streicheln. Das Feuer im Kamin tauchte den Raum in flackerndes Licht, sie schloss die Augen, um sich ganz den Gefühlen hinzugeben, die er in ihr auslöste. Als er plötzlich aufhörte war sie verwirrt und öffnete ihre Lider. Sie musste lachen, als sie das Bild neben sich sah. Er schlief, schlief wie ein Baby.

Sie roch den Whiskey und fragte sich, wie viel er wohl getrunken hatte, dass er mitten im Liebesspiel mit ihr einschlief.

Nachdem sie ihn mehrmals angesprochen und er nicht reagiert hatte, versuchte sie sich aus den Fesseln zu winden, was ihr nicht gelang. Sie würde wohl oder übel so schlafen müssen, dachte sie, während sie seinen ruhigen Atemzügen lauschte. Es war warm im Zimmer und sie könnte es schon aushalten, bis er wach werden würde. Ein bisschen wütend war sie schon, egal, wie laut sie ihn ansprach, der Whiskey schien ihn richtig ausgeknockt zu haben.

Aber eigentlich war es eher zum Lachen fand sie. In der Liebesnacht eingeschlafen, das war wieder typisch, dass ihr so etwas passierte. Hoffentlich war er nicht für Stunden im Tiefschlaf, dann würde ihr morgen früh alles weh tun, so bequem war die Haltung nicht wirklich.

Sie schaute auf die Flammen im Kaminfeuer, hörte seine leisen Atemzüge und fiel in einen leichten Schlaf.

Sie erwachte mit dem Gefühl, dass irgendetwas nicht stimmte. Sie blickte zur Seite und sah ihn noch immer tief schlafend neben sich liegen. Er hatte sich nicht gerührt.

Ihre Nackenhaare stellten sich auf, irgendetwas war anders als beim Einschlafen. Hier im Raum hatte sich etwas verändert, was stimmte nicht?

Jetzt hörte sie es, es atmete noch jemand im Zimmer.

Ihre Augen mussten sich an das dunkle Flackern des Kamins gewöhnen. In dem tanzenden Licht erkannte sie, dass am Bettende jemand stand.

Sein Freund war dort und grinste schmierig, bleckte die Zähne. Mit zwei großen Schritten war er am Kopfende und hielt ihr den Mund zu. Presste ihr Mund und Nase mit seiner riesigen Hand zu.

Sie bekam kaum Luft, und versuchte zu beißen, ihn irgendwie abzuschütteln. Er drückte so fest zu und knurrte wie ein Raubtier.

Ihr Kopf wurde so fest in die Kissen gepresst, dass sie das Gefühl hatte, ihre Stirn müsse platzen. Ihre Angst füllte den Raum und ergriff jede Faser ihres Körpers.

Die Panik, als sie erkannte, sie war gefesselt und ihm

ausgeliefert, und konnte nicht schreien, war fast greifbar. Jetzt sah sie, dass er mit der freien Hand seinen Gürtel und die Hose öffnete ...

Bitte nicht, tu mir das nicht an, dachte sie noch. Ihre erstickten Schreie kosteten sie zu viel Atemluft.

Er warf sich auf sie und drang hart in sie ein, eine Hand auf ihrem Mund, die andere schloss sich um ihre Kehle.

Sie versuchte verzweifelt, sich zu befreien, aber er war zu schwer. Er drückte immer fester ihre Kehle zu, sie hatte Angst vor der drohenden Bewusstlosigkeit. Ihr wurde schwarz vor Augen und das Gefühl sich erbrechen zu müssen war übermächtig in ihr.

Sie versuchte sich zu beruhigen, an etwas anderes zu denken. Er lachte kehlig, weil sie sich wand und zappelte.

„Macht es dir Spaß, du Schlampe? Jetzt hast du mal einen richtigen Mann, wir teilen alles, auch die Frauen!“

Immer wieder wurde ihr schwarz vor Augen, dann lockerte er den Griff, sodass sie wieder zu sich kam, nur um dann wieder zuzudrücken.

Sie musste würgen, versuchte nicht zuzuhören, was er flüsterte. War er auch betrunken?

Sie hatte gleich gefühlt, dass etwas mit ihm nicht stimmte, wollte aber nicht anmaßend sein und über einen ihr völlig Fremden urteilen.

Er kicherte hysterisch und stieß immer härter in sie rein.

Sie fühlte nur noch den Schmerz und konnte das Blut ihrer Lippen auf der Zunge schmecken. In wilder Panik zerrte sie an den Fesseln und versuchte alle Schmerzen zu ignorieren.

Warum wurde er nicht wach neben ihr? Warum merkte er nicht was hier passierte?

Tränen liefen aus ihren Augen. Sie konnte keinen klaren Gedanken fassen. Fühlte ihren Unterleib nicht mehr.

Er saugte und biss schmerzhaft in ihre Brüste. Oh Gott, schoss es durch ihren Kopf, bitte lass ihn gleich fertig sein.

Ihr Martyrium dauerte 40 Minuten.

Mehrmals war sie kurz ohnmächtig, kam aber immer wieder zu sich. Ihr war schwindelig.

Irgendwann ließ er ab, stand wortlos auf, schloss seine Hose und seinen Gürtel, spuckte auf dem Boden aus und verließ das Haus. Sie hörte seine Schritte in der Auffahrt, das Schlagen der Wagentür, den Motor und das Knirschen der kleinen Steine als er losfuhr.

Dann war er weg.

Sie fühlte sich betäubt, unfähig zu sprechen oder sich zu rühren. Was war hier passiert? War es ein böser Traum? Würde sie gleich wach werden?

Sie war vergewaltigt und fast umgebracht worden, während die Liebe ihres Lebens neben ihr lag und schlief?

Das Laken unter ihr fühlte sich feucht an. Sie fror und ihre Zähne klapperten aufeinander, Tränen liefen aus ihren Augen, sie stand unter Schock. Das Atmen und Schlucken fiel ihr immer schwerer. Der Hals schmerzte und ihr ganzer Körper war taub.

Sie starrte auf die Uhr gegenüber und zählte die Minuten. Betrachtete sein schlafendes Gesicht.

Irgendwann drehte sie ihren Kopf weg, sie mochte ihn nicht mehr ansehen. Ihre Erinnerung an ihn sollte nicht so sein.

Nach über fünf Stunden kam er zu sich, stützte sich auf und brauchte ein paar Sekunden, um sich zurechtzufinden.

Ihm war schrecklich schlecht und er dachte an die Menge Whiskey, sein Kopf wummerte und sein Magen drehte sich um. Verwirrt starrte er sie an, wie sie dort gefesselt lag. Die Morgendämmerung hatte begonnen und das Kaminfeuer war fast niedergebrannt.

Was hatte er getan? Was war hier passiert?

Sie konnte es in seinem Blick erkennen, dass er nicht verstand, was hier geschehen war.

Er löste sofort ihre Fesseln und torkelte in Richtung Badezimmer. Sie hörte, wie die Dusche anging. Vorsichtig setzte sie sich auf und starrte auf die Laken. Sie waren blutverschmiert, auch das Kopfkissen. Es war ihr Blut.

Sie stand auf und schwankte zum Spiegel. Starrte ihr Spiegelbild an. Verwundert stellte sie fest, dass sie keine Schmerzen hatte. Ihre Schenkel sahen aus, als wenn jemand rote Farbe darauf geschüttet hatte, es war getrocknetes Blut. Ihr Gesicht war um den Mund auch blutverschmiert. Sie sah grotesk aus, wie ein Clown. Würgemale am Hals, ihre Hand- und Fußgelenke voller Blutergüsse und Fesselspuren. Die Lippen hatte sie sich selbst blutig gebissen, aber ihr Oberkörper hatte auch Bissmale.

Sie krümmte sich vor dem Spiegel zusammen, das war doch alles nicht real, das konnte nicht sein, das war nicht möglich ...

Sie musste hier raus, schnell, weg von hier ...

Er sollte sie so nicht sehen, geschunden und unter Schock, sie würde ihn nie wieder ansehen können, ihm vielleicht auch nie verzeihen, was hier passiert war.

Sie hörte noch immer die Dusche ...

Scham, Wut und Hass machten sie blind. Sie warf sich ihren Pullover über und schlüpfte in die Stiefel. Griff nach ihrer Handtasche und schnell zum Auto ... Gehetzt drehte sie sich um, sie hörte noch immer die Dusche ...

Sie machte die Haustür auf, eiskalte Nachtluft schlug ihr entgegen. Panisch, wie von Sinnen rannte sie über die Auffahrt runter zu ihrem Auto.

Hörte sie Schritte hinter sich?

Der Wagenschlüssel entglitt ihren kalten Fingern, sie beugte sich hastig runter und grapschte ihn aus dem Kies. Mit einem Piep öffnete sich das Schloss und sie glitt auf den kalten Ledersitz. Mit zitternden Fingern steckte sie den Zündschlüssel ein und startete den Wagen. Der Motor jaulte auf und sie legte krachend den ersten Gang ein. Kleine Kieselsteine spritzte durch die Einfahrt als sie schlingernd auf die Straße schoss. Sie trat das Gaspedal voll durch.

Nur weg hier, vergessen, was passiert war.

Ihr ganzer Körper brannte und sie fühlte sich leer.

Der Morgen war dunkel und stürmisch und die Straßen glatt vor Feuchtigkeit. Das kümmerte sie nicht. Sie trat das Pedal voll durch und der hochgezüchtete Turbomotor heulte durch die Nacht.

Was war passiert?

Sein Freund, den sie von Anfang an nicht gemocht hatte, war wie eine Raubkatze schleichend zurückgekommen. Was hatte er gewollt, was hatte er im Haus zu suchen gehabt? Warum war er in das Schlafzimmer gekommen, was hatte sich dieses Drecksschwein gedacht, als er die Situation erfasst hatte? Sein Entschluss, sie zu vergewaltigen, konnte nur Sekunden gedauert haben. Ihre Schreie hatte er mit der Hand erstickt, sie musste mehrmals bewusstlos gewesen sein. Ihr Hals schmerzte, das Schlucken und Atmen fiel ihr noch immer schwer. Ihr Unterleib tat weh und sie spürte, dass sie noch immer blutete, es war warm und feucht in ihrem Schritt und sie trug keinen Slip. Ihre blutigen Lippen fühlten sich spröde und aufgeschwollen an. Der Magen drohte sich immer wieder zu entleeren, sie würgte und mühte sich, nicht zu erbrechen.

Das Auto schoss weiter durch die Nacht. Was hatte sie sich auch dabei gedacht, ihm beim Trinken zuzuschauen und sich dann von ihm fesseln zu lassen? Sie hätte es wissen müssen. Aber wie alles mit ihm war es wie ein verhängnisvoller Rausch gewesen. Sie hatte ihren Kopf ausgeschaltet und sich ganz ihren Empfindungen hingegeben. Das Ergebnis war nicht wie erhofft gewesen, sondern komplett ausgeartet.

Hatte er das geplant? Das Ganze hatte so leise stattgefunden und war so eiskalt gewesen. Und er hatte dort gelegen wie tot, hatte sich noch nicht einmal gerührt, während sein bester Freund sie malträtiert und wie ein Stück Vieh behandelt hatte.

War es keine Zufallstat? Sollte er ein eiskaltes Schwein sein, das ihre Dummheit und ihr Vertrauen ausgenutzt hatte? Hatte der Mann, den sie liebte, geplant, dass sie Sex mit seinem besten Freund haben sollte? Teilten die beiden alles miteinander, auch die Frauen?

Sein Freund hatte es geflüstert, hämisch gelacht dabei.

Dann müsste sie ihn anzeigen, unabhängig davon, wie angesehen er war und ob er verheiratet war oder Kinder hatte. Das spielte dann alles keine Rolle mehr, dann musste sie es tun. Sein Freund war ein Vergewaltiger.

Bei dem Gedanken an dieses Drecksschwein kam wieder ihr Mageninhalt hoch, sie würgte und musste sich zusammenreißen. Erst mal nach Hause, irgendwohin, wo sie für sich war, und alles kannte. Sie musste sich beruhigen und irgendwie nach Hause finden.

So konnte sie keinen klaren Gedanken fassen und schon gar nicht so eine Entscheidung fällen. Sie kannte ihn jetzt über 25 Jahre, und sie hatte ihm vertraut. Immer … Das konnte nicht sein, so sehr konnte sie sich nicht täuschen, auch wenn ihre Menschenkenntnis schlecht war. Er war einfach nur betrunken gewesen, er trank nie viel und sie wusste nicht, was vorgefallen war zwischen beiden Männern. Er würde ihr so etwas nie antun. Er liebte sie.

Nein, es war nicht geplant gewesen, es waren unglückliche Umstände. Sie musste erst mal heim, ein heißes Bad, ganz viel Schlaf und eine Mahlzeit würden sie wieder klarer sehen lassen.

Das schlechte Gefühl gestern, bei ihrer Ankunft, hatte sich bestätigt. Sie hätte einmal mehr auf ihr Bauchgefühl hören sollen. Aber wie hätte sie ahnen können, dass so etwas passieren würde? Woher hätte sie wissen sollen, dass sein Freund ein perverses Schwein wäre? Woher hätte er das wissen sollen?

Sie erinnerte sich an das wütende Gespräch zwischen den Männern. An die Emotionen in beiden Gesichtern, Hass, Kälte, Wut und Zorn bei beiden. Unangenehm war er schon gewesen, aber sie hatte ihn höchstens fünf Minuten gesehen. Hatte ihn noch nicht einmal richtig angeschaut. Er war unwichtig gewesen.

Sie raste die Landstraße entlang. Tränen liefen über ihr Gesicht und machten sie blind. Lautes Schluchzen bannte sich seinen Weg, das Adrenalin ließ nach und sie wurde müde ... Unglaublich müde ...

Sie schloss einen Sekundenbruchteil ihre Augen und fühlte, wie der Wagen ins Schleudern geriet. Ihr letzter Gedanke war: Wie konnte man so fest schlafen wie er? Wie konnte er nichts bemerkt haben?

Dann fühlte sie nichts mehr. Dunkelheit hüllte sie ein ...

Kapitel 10

Der Unfall

Der Wagen hatte sich mehrmals überschlagen und blieb in der matschigen Erde im Feld stecken.

Es regnete in Strömen, am frühen Morgen. Dicke, schwere Tropfen, die alles durchnässten. Davon bekam sie nichts mehr mit. Blut lief über ihr Gesicht aus einer großen Kopfwunde, sie lag in tiefer Bewusstlosigkeit.

Zwei Stunden später begann der Berufsverkehr und der Notarzt, die Polizei und Feuerwehr waren vor Ort. Sie aus dem Fahrzeugwrack herauszuschneiden gestaltete sich schwierig, da beide Türen verzogen waren und das Dach völlig eingedrückt. Aber nach guten zwei Stunden hatten die Ersthelfer es geschafft und sie wurde auf eine Trage gelegt. Die Polizei ging von einem Unfall wegen Straßenglätte aus. Der Notarzt und ein Sanitäter sprachen mit der Einsatzleitung. Nach der ersten Vermessung der Schleuderspuren hatten sich unendlich viele Gaffer angesammelt. Sie war abtransportiert worden und bemerkte von alldem nichts. Die Schwere der Verletzungen war zu dem Zeitpunkt noch nicht abzusehen. Aber der Notarzt hatte besorgt ausgesehen und dem Fahrer des RTWs die Anweisung gegeben, sich zu beeilen.

Der Fahrer des Rettungswagens schaltete Blaulicht und Sirenen ein, beeilte sich der Aufforderung des Arztes nachzukommen.

Die Straßen waren voll und trotzt der Sirenen war es schwierig durch den dichten Verkehr zu kommen.

Polizeibericht:
Auszug aus dem Bericht des Notarztes für die Polizei:

- Ca. 40 jährige weibliche Person in guter körperlicher Konstitution
- Schweres Schädelhirntrauma auf Grund des Aufpralls an der Seitenscheibe
- Fesselspuren an Hand und Fußgelenken
- Würgemale am Hals
- Bisswunden im Oberkörperbereich
- Bisswunden der Lippen
- Hämatome von körperlich, sexuell angewandter Gewalt
- Vaginale Blutungen mit Spermaspuren
- Es wird empfohlen, Sperma und Bissspuren zu sichern, da ein Vergewaltigungsdelikt nicht ausgeschlossen werden kann.

Weitere Untersuchungen werden im Klinikum durchgeführt ...

Der leitende Kommissar war ein recht junger Beamter, der noch nicht viele Vergewaltigungsfälle bearbeitet hatte und den eigentlich mehr das Verkehrsdelikt interessierte.

Nachdem die Spurensicherung ergeben hatte, dass kein zweites Fahrzeug an dem Unfall beteiligt war, hakte er das ganze unter unglückliche Umstände ab. Die Benachrichtigung der Angehörigen überließ er der Streifenpolizei. Er war hier fertig.

Gegen Mittag wurde das Fahrzeugwrack durch einen Abschleppdienst gesichert und abtransportiert. Im Klinikum wurde sie sorgfältig untersucht und alle Spuren der angeblichen Vergewaltigung als Fallakte LZ213597 angelegt. Ihre Kleidung wurde beigelegt.

Der Handyakku war leer, daher übergab man das Telefon den Angehörigen, man maß dem keine große Bedeutung bei.

Das ganze Ausmaß der Kopfverletzung wurde erst jetzt sichtbar. Eine starke inoperable Hirnschwellung hatte die Patientin in ein Koma fallen lassen, von dem man nicht wusste, ob sie jemals wieder aufwachen würde. Alle anderen Verletzungen würden heilen.

Der behandelnde Arzt machte den Angehörigen nicht allzu große Hoffnungen. Sie sollten sich auf das schlimmste gefasst machen. Eine Wiederherstellung der Gesundheit war für ihn sehr unwahrscheinlich.

Ihre Freundin war schockiert und völlig verstört. Sie wusste nichts von der Verabredung und dem Treffen im Landhaus. Täglich fragte sie sich, während sie im Krankenhaus weilte und hoffte, dass ihre vertraute Freundin wieder erwachte, was wohl passiert war. Was war ihr schreckliches zugestoßen? Wie hatte ihr so was nur passieren können? Warum hatte sie keine Unterwäsche angehabt und keine Hose? Wo war sie dort gewesen, im Niemandsland, nur Acker und Wald und keine Menschenseele? Wo war sie zu der Uhrzeit nur gewesen, wo hatte sie hin gewollt oder von wo war sie gekommen? Was hatte sie Schreckliches durchgemacht?

Fragen über Fragen und keine Antworten. Wenn sie in das blasse Gesicht ihrer stummen Freundin schaute, kamen ihr die Tränen. Das hatte sie nicht verdient, ihr Leben war auch so schon schwer genug. Wer hatte ihr so etwas angetan?

Am dritten Tag steckte die Freundin das Handy in die Ladestation, um den Akku zu füttern. Der leere Akku und das Desinteresse der Polizei an ihrem Handy waren sein Glück.

Aber von alldem ahnte er zu dem Zeitpunkt, Monate vor dem Unfall, gar nichts.

Nachdem er abermals wortlos ihre Wohnung verlassen hatte, fühlte er sich nicht besser. Eher schlechter. Zwar hatte er sie drei Mal hemmungslos durchgevögelt, aber er war nicht bei der Sache gewesen. Er hatte die Freude in ihrem Gesicht gesehen und eigentlich hatte alles in ihm danach geschrien, zu sagen: Ich liebe dich ... Mit all deinen Macken und Spleens und auch, wenn wir eigentlich nicht zusammenpassen, aber: Ich liebe dich ...

Was war nur los mit ihm, er durfte sie nie mehr wiedersehen. Er wollte die Situation kontrollieren. Aber es war zu spät, der Zug hatte rasend schnell Fahrt aufgenommen und war entgleist. Er hatte es zugelassen, nun musste sie es ausbaden. Das war nicht fair, nicht fair von ihm. Sie hatte genug gelitten in ihrem Leben, er würde alles für sie nur komplizieren.

Auf dem Weg nach Hause wurde es ihm klar: Es war vorbei! Es musste vorbei sein, das war das letzte Mal, dass er sie gesehen hatte. Er würde ohne sie zurechtkommen müssen, Schmerz und Sehnsucht würden vergehen mit der Zeit, er musste nur durchhalten.

Abermals würde er sich auf seine Frau und Kinder konzentrieren und seinem Job endlich wieder gerecht werden. Auch sein Hobby, der Rennsport, könnte mal wieder etwas Belebung gebrauchen. Sein engster Freund hatte momentan viele Probleme, finanzieller und privater Natur, da könnte er sich auch mal wieder sehen lassen.

Mit diesen Gedanken versuchte er sich abzulenken, er konnte sie noch an sich riechen und in seinen Fingerspitzen ihre weiche Haut fühlen,

Zum Teufel nochmal, das war es gewesen!

Er sollte sich dann und wann noch mal sporadisch melden, sodass sie nicht das Gefühl hatte, er habe sie im Stich gelassen.

Er hielt sich gerade in diesem Moment für ein richtiges Arschloch. Und er fand sich feige ... Aber so war er halt ...

Ab und zu fuhr er an ihrem Geschäft vorbei und versuchte einen Blick auf sie zu erhaschen. Zweimal hatte er sie gesehen. Sie war dünner geworden und sah bleich aus. Einsam und traurig, unendlich traurig. Das hatte er ihr angetan. Er war ein Arschloch, sagte er sich, wenn er sie so sah.

Warum hatte er nicht besser überlegt, warum hatte er so wenig Mut was Liebesdinge betraf? Vielleicht sollte er eine Therapie machen? Müde musste er sich eingestehen, dass nur sie seine Therapie sein konnte.

Er hatte in seinem Leben schon so viele Dinge verbockt, aber das hier war die absolute Krönung. Die Frau, die er all die Jahre gesucht hatte, die ihm immer in schöner Erinnerung geblieben war, so zu verletzen. Was war er nur für ein gewissenloses Arschloch geworden, im Laufe der Jahre? Reichte es nicht, dass er seiner Familie gegenüber ein schlechtes Gewissen hatte? Musste er das alles hier auch noch versauen?

Einmal alle 14 Tage fragte er im Chat, wie es ihr gehe. Ihre Antworten waren kurz und knapp, er konnte die Tiefe ihrer Verletzung spüren. Er hatte sie gedemütigt. Sie fehlte ihm so sehr. Nachts wachte er auf mit dem Gefühl, er müsste sofort zu ihr. Dann klopfte sein Herz wie wild und er wollte sich nur noch anziehen und raus aus dem Bett. Seiner Ehe entfliehen, dem Wunsch entfliehen, dass eigentlich dort eine andere Frau liegen sollte.

Dann fuhr er nachts ruhelos durch die Straßen und fand sich vor ihrer Haustür wieder. Dann saß er Stunde um Stunde da und war so ohne Hoffnung, fühlte sich einsam.

Zu mutlos um auf die Klingel zu drücken und zu sagen: Hier bin ich, ich liebe dich und alles wird gut!

Er musste etwas ändern, so konnte es nicht weitergehen.

Ein schönes Wochenendhaus war schnell gemietet. Jetzt hoffte er, dass sie kommen würde. Es erforderte schon recht viel Lügerei, ein familienfreies Wochenende zu planen. Aber letzten Endes hing alles von diesem Wochenende ab, ob er jemals wieder lügen musste. Er hoffte nicht, er hoffte, dass sie ihm all das Vergeben könnte.

Vielleicht würde sich alles ergeben und er könnte sich trennen und die Liebe und Leidenschaft endlich mit der Frau teilen, die er sich wünschte. Er würde ihr sagen, dass er sie liebte und bereit wäre, die Konsequenzen zu tragen. Sie war die Liebe seines Lebens und er sollte endlich ehrlich zu sich selbst sein. Er brauchte ein paar Anläufe, bis er ihre Nummer wählte. Sie war erschrocken, seine Stimme zu hören, aber zögernd sagte sie zu.

Über ein halbes Jahr war jetzt vergangen, seit er sie zuletzt in seinen Armen gehalten hatte. Ein für ihn schmerzvolles halbes Jahr mit vielen schlaflosen Nächten. Wenn sie nur kommen würde, dann wäre alles endlich gut, für sie beide. Sie brauchten einander, das war ihm jetzt klar geworden.

Er fuhr gut gelaunt los, nervös, aber doch guter Stimmung. Endlich würde er sie wieder sehen und in seinen Armen halten. Das Haus war so, wie er es sich erhofft und vorgestellt hatte. Romantisch und einsam, inmitten wunderschöner Natur. Es würde ihr gefallen. Das war ein guter Einstieg in ein Wochenende voller Gefühle. Feuer im Kamin, Kerzen und leise Musik. Alles war perfekt arrangiert. Hoffentlich würde alles gut werden.

Er konnte nicht ahnen, dass die zweite Nacht in einer Katastrophe enden würde, die sein komplettes Leben wie es bisher war, umkrempeln würde.

Er horchte auf ... Da kam ein Wagen die Auffahrt hoch. Er hörte die Autotür und den Kofferraumdeckel. Schritte, die im Kies leise knirschten und die Auffahrt hochkamen. Sie ging langsam, das konnte er hören. Ihm wurde plötzlich schlecht und er fing an zu schwitzen. Das nannte man Angst, sagte er sich.

Er stand mit dem Rücken zur Tür, als sie den Wohnraum betrat, wappnete sich mit einem tiefen Atemzug und drehte sich um. Blass und zitternd stand sie da. Das weiche Licht ließ ihre helle Haut samtig erscheinen. Ihr Haar glänzte im Kaminfeuer wie ein Heiligenschein. Er hatte vergessen, wie schön sie doch für ihn war.

Mit wenigen Schritten war sie bei ihm und schmiegte sich in seine Arme. Wie weich ihr Haar war und ihre Haut.

Er atmete ihren Duft ein und wollte sie nie wieder loslassen. Jetzt konnte er alles wiedergutmachen. Alles, was er ihr angetan hatte, würde er sie vergessen lassen. Er würde ihr alles sagen, nun war der richtige Zeitpunkt gekommen.

Aber wieder war es die Leidenschaft, sie zu spüren, die ihn vom Reden abhielt. Heute wollte er sie überzeugen, dass er auch sanft sein konnte, und sie die Grobheit der letzten Male vergessen lassen. Sie war so ausgehungert nach Zärtlichkeit und Liebkosungen von ihm, das konnte er spüren.

Es wurde ein wunderbarer Abend und eine stürmische Nacht. Er hielt sich zurück und wollte sie zum Höhepunkt bringen, nicht nur einmal. Heute war nur sie es, die zählte.

Immer wieder betrachtete er sie und prägte sich jede Linie in ihrem Gesicht ein. Sie war immer etwas Besonderes in seinem Leben gewesen und nun wollte er alles mit ihr teilen ... Endlich ... Seine Liebe, sein Leben, nicht nur den Sex und die Leidenschaft. Jetzt endlich, nach über zwei Jahren ihres Wiedersehens, gestand er sich das ein. Und alle Konsequenzen oder gesellschaftliche Grenzen waren ihm völlig egal. Was interessierten ihn andere, er hatte sich nie um die Meinung anderer gekümmert.

Der Nacht folgte ein ausgedehntes Frühstück und ein schneller Fick auf der Küchenarbeitsplatte. Das liebte er an ihr, sie war für alles zu haben und nicht zimperlich.

Anschließend ein langes Gespräch bei einem ausgedehnten Spaziergang. Die Luft war lau und die Sonne schien auf ihr Haar.

Ihre Wangen waren wieder rosig und sie plapperte munter drauf los. Er hatte seinen Arm um sie geschlungen und er konnte spüren, wie glücklich sie in diesem Moment war. Erstaunt stellte er fest, dass auch er sich glücklich fühlte wie lange nicht mehr. Unbeschwert und frei.

Der Spaziergang in der Natur weckte seine Sinne und schärfte seinen Instinkt für die Schönheit um sich. Er genoss den Geruch des Grases und der Blätter, den Wind im Haar und die Sonne im Gesicht. Die Wärme ihres Körpers und der Klang ihrer Stimme beruhigten ihn und reizten ihn gleichzeitig. Er hatte schon wieder unbändige Lust auf sie, aber jetzt zählte nur, dass sie zufrieden und glücklich war.

Noch so viel Zeit lag vor ihnen, die sie miteinander teilen konnten.

Als am späten Nachmittag der Anruf seines Freundes kam, fühlte er sich verärgert. Das war ihr Wochenende, er hatte keine Lust auf die Diskussionen mit seinem langjährigen Freund, der sich geschäftlich verspekuliert hatte. Viel Geld war schon geflossen, Geld, was er im Rahmen der Freundschaft verliehen hatte. Es kam ihm vor wie ein Fass ohne Boden, sein Freund brauchte immer mehr. Aber sollte er ruhig kurz kommen, er würde ihm sagen, dass der Geldhahn zu wäre und er nichts mehr bekommen würde von ihm. Heute wäre endlich mal Schluss mit dem Anbetteln. Er konnte nicht die Probleme der ganzen Welt lösen.

Endlich hatte er sie, verspürte Glück wie schon lange nicht mehr und er wollte sich das von nichts und niemandem verderben lassen. Er würde mit ihm reden, dann könnte er seiner Wege ziehen und sollte ihn und seine Liebe in Frieden das Wochenende genießen lassen.

Als er das Auto auf der Einfahrt hörte, ahnte er nicht, was dieser Entschluss für einen fatalen Ausgang haben würde.

Sie öffneten eine Flasche Whiskey, den sein Freund mitgebracht hatte.

Er meinte lässig, „wie in alten Zeiten“, das war sein Stichwort, wenn es um Geld ging. Da ging es immer darum, die Freundschaftskarte auszureizen. Das machte er jedes Mal so.

Das Gespräch verlief anders als erwartet, sein Freund war verärgert und aggressiv, drohte ihm mit Folgen, die für ihn schrecklich wären.

Nach drei Stunden verließ er das Wochenendhaus mit den Worten: „Das wirst du noch bereuen!"

Er hatte ihm schon immer alles geneidet, was er in seinem Leben erreicht hatte, und neidete ihm auch jetzt wieder das Glück, was er endlich gefunden hatte. Böse Worte waren gefallen, von denen sich die beiden nicht mehr erholen würden, und er betrachtete die Freundschaft als beendet. Was für ein unerfreulicher Ausgang, dachte er frustriert.

Er war wütend und wusste, nur eins würde ihn jetzt aufheitern. Obwohl er schon angetrunken war, nahm er die halbvolle Flasche Whiskey und sein Glas mit und ging hoch ins Schlafzimmer. Nur sie würde ihn ablenken von seiner Wut, ihre Liebe und ihr Körper würden ihn das unleidliche Gespräch vergessen lassen.

Er freute sich auf sie, als er die Tür öffnete und den Raum betrat, in dem sie auf ihn wartete. Er stürzte das volle Glas herunter, obwohl er schon spürte, dass es zu viel war. Er setzte sich in den Sessel am Fenster und lächelte zu ihr herüber. Sie lag schon im Bett, wartete auf ihn. Nur noch einen Tanga am Körper rekelte sie sich auf dem Bett und streichelte ihre Brüste.

Ihm war schwindelig und er merkte, dass er angetrunken war. Egal, konzentrierte er sich doch jetzt darauf, was sie ihm für ein aufreizendes Schauspiel auf dem Bett bot. In seinem Kopf drehte sich alles, sein Schwanz pochte und schmerzte bei jeder Berührung. Was war sie doch für ein geiles Luder, sie wusste genau, was ihn so richtig scharf machte. Und das Beste war, sie war sein geiles Luder und machte das nur für ihn.

Wie sie sich langsam, lasziv mit der Hand von den herrlichen Titten zu ihren weit gespreizten Schenkeln herunter bewegte. Geil, dachte er. Gleich werde ich es ihr so richtig besorgen ...

Er war völlig betrunken. In seinem Kopf drehte sich alles wie ein Brummkreisel. Er leckte sich über die Lippen und nahm gierig noch einen großen Schluck Whiskey.

Als er aufstand und zu ihr rüber ging, merkte er schon, dass er viel zu viel getrunken hatte, seine Sinne getrübt waren. Was tat er hier?

Er fesselte sie an Händen und Füßen und nahm sich vor, sie mit seinen Liebkosungen in den Wahnsinn zu treiben. Er wollte sie stöhnen und betteln hören und ihr das Gefühl geben, er wäre der einzige Mann, der sie glücklich machen könnte. Er verspürte Müdigkeit, aber sie würde ihn schon wach bekommen.

Sanft begann er sie mit seinen Fingerspitzen zu streicheln, ihm wurde übel und er schloss für einen kurzen Moment die Augen. Dann fiel er in einen ohnmachtsähnlichen Schlaf.

Beim Erwachen brummte sein Schädel und sein Körper schmerzte. Was war hier passiert? Er schaute zu ihr herüber … Sie war gefesselt, an Armen und Beinen. War er das gewesen? Oh Gott, sie hatte Blut im Gesicht und Würgemale am Hals.

Er löste wortlos, mit zitternden Händen, die Fesseln und wagte nicht, ihr in die Augen zu schauen. Er taumelte ins Badezimmer und stellte die Dusche auf eiskalt. Dann setzte er sich in den kühlen Wasserstrahl. Seine Haut brannte unter dem Strahl, das eiskalte Wasser schmerzte in seinen Poren. Er hielt sein Gesicht dem Wasser entgegen. Möglichst schnell musste er wieder zur Besinnung kommen.

So viel hatte er doch gar nicht getrunken, warum war ihm gestern schon so schlecht gewesen, und das hier war doch kein normaler Kater? Hatte er so über sein Limit getrunken? Das war ihm seit frühester Jugend nicht mehr passiert. Die Male an ihrem Körper waren von ihm. Was hatte er ihr da angetan, wie konnte er sich so gehen lassen? Sie würde ihm niemals verzeihen, ihm niemals wieder vertrauen. Was war über ihn gekommen, dass er sich so vergessen hatte? Das war nicht seine Art, etwas gröber vielleicht, aber das hier war etwas anderes.

Das Wasser tat seine Wirkung und sein Verstand wurde langsam klarer. Wie sollte er ihr jemals wieder unter die Augen treten, was sollte er sagen? Entschuldigung? Es ist über mich gekommen, ich war betrunken? Was hatte er angerichtet?

Er musste sich schnell etwas einfallen lassen, wenn er ihr gegenübertreten wollte. Das Problem war, dass sein Verstand noch nicht richtig arbeiten wollte, sein Gehirn fühlte sich wie betäubt an.

Er saß noch immer in dem kalten Wasserstrahl und versuchte irgendwie klarzukommen. Verstört und entsetzt horchte er auf, das war der Motor ihres Wagens. Er jaulte gequält auf, er hörte, wie der Kies über die Einfahrt spritzte. Nun brauchte er nicht mehr überlegen, was er sagen sollte, sie war weg. Alles war vorbei, es fühlte sich endgültig an. Das war das Ende. Sie war einfach gefahren, hatte keine Erklärung hören wollen. Ein Wochenende, das so wunderschön begonnen hatte, war in eine Katastrophe umgeschlagen.

Warum hatte er nur so viel getrunken? Eigentlich kannte er die Wirkung des Alkohols auf sich, dass es ihn enthemmte. Aber so etwas wie hier hatte er noch nie erlebt. Egal, wie viel er getrunken hatte. Das war ihm noch nie passiert, er wusste nichts mehr. Ihre Hand- und Fußgelenke hatte er gefesselt, daran erinnerte er sich noch vage wie durch einen Nebel. Dann war alles weg.

Wie lange hatte er geschlafen?

Sie musste völlig erschöpft sein, so konnte sie nicht fahren. Die Schmerzen mussten höllisch sein, wenn sie viele Stunden in Fesseln gelegen hatte. Oh Gott, er raffte sich auf, nahm ein Handtuch. Er musste hinterher, musste sie aufhalten. Ihr alles erklären, aber wie sollte er ihr das erklären. Gebrochen kroch er aus der Dusche und schlich in das Schlafzimmer. Ihre Wäsche, ihr Schmuck und ihre Kleidung, alles lag hier. Sie hatte nur ihre Handtasche geschnappt, ihre Schuhe und ihr Pullover waren weg.

Er blickte zum Bett, sah das Ausmaß der Katastrophe. Die Kissen und Laken waren blutbesudelt. Im Geist sah er, was er ihr angetan hatte, war er zu so etwas fähig? Was war in ihn gefahren?

Er heulte auf wie ein Tier, vor dem Bett brach er zusammen. Tränen hatte er noch nie so wirklich vergossen, seit er klein gewesen war. Doch jetzt weinte er wie ein Kind. Hemmungsloses Schluchzen brach aus seiner Brust hervor.

Sein ganzer Körper zitterte, nackt lag er auf dem Boden und spürte, wie sein Herz zerriss. Auf allen Vieren wie ein Tier schrie er ihren Namen in das leere Haus hinein.

Dann rief er: „ Was habe ich nur getan!“

Er stopfte die Sachen in ihre Reisetasche, raffte seine Habseligkeiten zusammen. Die Bettwäsche warf er bei 95 Grad in die Waschmaschine. Es musste keiner sehen, was er angerichtet hatte.

Dann verließ er fluchtartig das idyllische Häuschen.

In der Einfahrt drehte er sich noch einmal um und schluchzte auf. Nur weg hier, weg von der Schande und dem Verrat. Er hatte alles richtig machen wollen, nun war alles verloren. Nichts würde sie ihm zurückbringen.

Nichts, was er sagte oder tat, würde etwas ändern an dem, was geschehen war, was er ihr angetan hatte. Es war unverzeihlich. Zurückzukehren in sein bisheriges Leben schien ihm unmöglich.

Es war Mittag und er raste über die Landstraße.

Tränen liefen noch immer aus seinen Augen, aber er bemerkte es nicht. Er hatte furchtbar bohrende Kopfschmerzen. Die Unfallstelle flog an ihm vorbei, es war nicht mehr viel zu sehen, außer ein aufgewühlter Acker. Als er den Abschleppwagen mit dem Autowrack überholte und hinter sich ließ, hatte er kurz ein Aufflackern des Erkennens. Aber er konnte das Gefühl nicht deuten. Er zog seinen 911er rüber auf die linke Spur gab Gas und versank in die Tiefen seines schlechten Gewissens. Er hatte das dumpfe Gefühl einer bösen Vorahnung, aber das war in seiner jetzigen Stimmung nicht weiter sonderbar.

An ihrem Telefon sprang immer sofort die Mobilbox an. Er hatte es mindestens zwanzig Mal versucht. Jetzt war der Teilnehmer nicht mehr erreichbar, wahrscheinlich war der Akku leer. Er würde bei ihr vorbeifahren. Ihre Tasche abgeben und sich entschuldigen und erklären. Egal, ob es etwas brachte oder nicht, egal, ob sie es hören wollte.

Er musste es tun, das war er ihr schuldig, um weiterleben zu können. Ein Leben ohne sie, er mochte es sich nicht ausmalen, wie sein Leben ohne sie sein würde. Leer und ohne Freude, ohne Leidenschaft und ohne Lachen.

Was war alles, was er erarbeitet hatte, wert, wenn sie weg war? Alles war auf den Kopf gestellt, nichts würde wieder jemals werden wie vorher.

Auch ihr Leben hatte er zerstört, wie sollte sie mit seiner Tat klarkommen, wie sollte sie das jemals vergessen und weitermachen? Kein anderer Mann würde eine Chance erhalten von ihr. Sie würde nicht mehr vertrauen können.

Er verfluchte sich selbst, konnte nicht fassen, was er getan hatte. Immer wieder hatte er geglaubt, dass ihr weiches Herz und der Glaube an das Gute in jedem Menschen ihr zum Verhängnis werden würden. Aber dass er derjenige war, der dafür sorgte, das hatte er nicht geahnt. Jetzt wünschte er sich, er hätte dieses Wochenende nie geplant. Er wünschte sich, sie wäre nicht gekommen und mit jemand anderem glücklich.

Die Fahrt kam ihm endlos lange vor, er fragte sich immer wieder, ob es ihr gut gehe, konnte er doch die Schwere ihrer Verletzungen nicht einschätzen. Verletzungen, die er ihr zugeführt hatte. Tränen liefen aus seinen Augen, als er mit 280km/h über die leer gefegte Autobahn jagte.

Ihre Wohnung lag im Dunkeln, ihr Wagen war nicht vor dem Haus. Wo war sie? Beim Arzt, im Krankenhaus? Es war viel Blut auf dem Laken gewesen, wie hatte er sie so verletzen können? Er sah wieder all das Blut vor sich, wollte sich nicht ausmalen, was er getan hatte.

Still saß er da, im Wagen, vor ihrem Haus. Überlegte, die

Tasche einfach in den Hausflur zu stellen, wie feige, dachte er im selben Atemzug. Nein, so leicht würde er sich selbst nicht davonkommen lassen. Er wollte kein Feigling sein, nicht ihr gegenüber. Lange genug war er feige gewesen, nun musste er handeln wie ein Mann.

In keinem Moment kam ihm der Zweifel, dass er das alles nicht verschuldet hatte. Er konnte sich einfach nicht erinnern.

Vielleicht wartete zu Hause schon die Polizei auf ihn? Vielleicht hatte sie ihn angezeigt. Verdient hätte er es. Er hasste sich für das, was er getan hatte.

Er fuhr langsam durch die vollen Straßen nach Hause. Zum Glück war das Haus leer. Seine Frau war mit den Kindern unterwegs, sodass er in Ruhe seine Gedanken sortieren konnte. Was war passiert, dass er den Alkohol nicht vertragen hatte und dermaßen weggetreten gewesen war?

Er wünschte sich, dass er vergessen könnte, aber das hier, was jetzt kam, war seine gerechte Strafe, die er annehmen musste. Er hatte nicht verdient, zu vergessen.

Er horchte auf alle Geräusche im Haus und fühlte sich fremd im eigenen Zuhause. Er würde das alles seiner Familie lassen, würde gehen und sich in irgendein Loch zurückziehen, wo er nichts mehr sehen und hören musste. Er würde es im Whiskey ertränken. Das wäre sein Vergessen.

Wenn er nie mehr nüchtern werden würde, dann wäre sein Gedächtnis stumm, und sie müsste ihn nie wiedersehen. Er würde sich einfach vor Scham zu Tode saufen. Scham vor sich selbst.

Nach vier Stunden dumpfen Brütens über seine Tat raffte er sich auf und riss sich zusammen. Er war kein Jammerlappen und musste nun zusehen, wie er weitermachte, er hatte schließlich auch eine Familie.

Es folgte ein langes Gespräch mit seiner Frau und eine Nacht auf dem Sofa. Er wollte die Trennung, es war lange fällig. Wie hatte er so lange ein Doppelleben führen können, ohne verrückt zu werden, fragte er sich jetzt im Nachhinein. Was war in seinen Gehirnwindungen vorgegangen, dass er nicht nur ihr Leben, sondern auch das seiner Familie zerstört hatte? Was, wenn alles rauskommen würde?

Seine Familie musste er schützen, er liebte seine Kinder, die nicht darunter leiden sollten, dass ihr Vater nicht Herr seiner Sinne gewesen war.

Seine Frau fragte nicht viel, sondern bemerkte nur, sie habe schon damit gerechnet. Er hatte das Gefühl, dass es ihr ganz recht war. Genug Geld würde fließen, damit sie ein bequemes Leben haben würde.

Eine Einigung war schnell erzielt. Er würde gehen, so schnell es möglich war. Es interessierte ihn nicht mehr.

Sein Schlaf war unruhig und voller Albträume, zwei Tage und Nächte vergingen.

Das Telefon von ihr war noch immer ausgeschaltet. Die Mobilbox nicht an.

Jeden Tag stand er Stunden vor ihrem Haus und wartete. Nichts passierte. Kein Auto von ihr. Keine Antwort auf sein Schellen. Am dritten Tag versuchte er es erneut. Wieder keine Antwort auf sein Schellen, aber ein Nachbar kam aus dem Haus. Er nahm seinen Mut zusammen und fragte nach ihr. Was er dann hörte, zog ihm den Boden unter den Füßen weg. Schlagartig wurde ihm schlecht und er musste sich zusammenreißen, dass er nicht wegkippte.

Der Nachbar wusste, dass sie vor drei Tagen einen schweren Autounfall hatte, in der Nacht, und im Klinikum läge. Es sehe nicht gut aus, sie läge im Koma. Man rechnete mit dem Schlimmsten.

Das alles, meinte der Nachbar, wäre dunkel und mysteriös, hätte die Polizei doch Andeutungen eines Sexualdeliktes gemacht, was er ja bei einem Autounfall gar nicht verstehen könnte. Aber er hätte sich das ja immer gesagt, alleinstehende Frauen, so was konnte heutzutage ja nicht gut gehen. Er hätte schon immer zu seiner Frau gesagt, dass die da unten was im Schilde führte. Alles Schlampen in der heutigen Zeit.

Der geschwätzige alte Mann wollte gar nicht mehr aufhören zu reden und schüttelte mit dem Kopf, als sich sein Zuhörer als undankbar erwies, weil er sich umdrehte und ohne ein Wort des Dankes zu seinem Wagen wankte. So war die Jugend von heute halt, dachte sich der alte Mann. Verkommen und undankbar.

Ihm wurde schwarz vor Augen und er taumelte zu seinem Wagen. Mein Gott, was hatte er getan? Er ließ sich auf den Ledersitz fallen und brach zum zweiten Mal in seinem Leben als erwachsener Mann in hemmungsloses Schluchzen aus. Mit dem Kopf auf dem Lenkrad, ließ er den Tränen freien Lauf. Nicht nur die Gewalt, die er ihr angetan hatte, er hatte sie auch umgebracht. Diesen besonderen wundervollen Menschen hatte er auf dem Gewissen.

Was, wenn sie nie wieder aufwachen würde? Was, wenn das schlimmste eintrat und sie sterben würde? Wie könnte er damit weiterleben? Mit dieser Schuld, einen Menschen getötet zu haben, ein Leben ausgelöscht zu haben? Er erinnerte sich an seinen Heimweg, den aufgewühlten Acker, das kurze Aufblitzen des Erkennens neben dem Abschleppwagen. Die dumpfe Vorahnung, die er nicht greifen konnte. Es war nur noch ein Klumpen Blech auf dem Abschleppwagen gewesen. Es war ihr Wagen gewesen.

Die Schuld, die auf ihm lastete, legte sich wie ein Eisengürtel um seine Brust. Er bekam keine Luft mehr, fühlte Stiche in der Brust.

Raus aus dem Auto, er lehnte sich an, holte tief Luft und versuchte ruhig zu atmen. Das fehlte noch, dass er hier vorm Haus kollabierte und der Notarzt kommen musste,

Die kalte Luft brachte ihn zur Besinnung und das Atmen fiel wieder leichter. Er versuchte sich zu beruhigen und zu denken. Wie sollte er sich jetzt verhalten? Was sollte er tun?

Er musste in die Klinik fahren und sehen, mit eigenen Augen, was er ihr angetan hatte. Nachdem er einige Anrufe aus dem Wagen getätigt hatte, wusste er, dass sie in der Uniklinik lag. Intensivstation für Traumapatienten. Er würde hinfahren, würde mit dem Arzt reden und hören, was er tun könnte.

Sein Herz schlug so schnell, als er auf den Klinikparkplatz fuhr, dass er dachte, es würde explodieren. Mein Gott, was war nur mit ihm los? Was Schuld anrichten konnte … fühlte sich so jeder schlechte Mensch?

Er stieg aus und ging schweren Schrittes auf den Klinikeingang zu. Vor der Intensivstation sah er ein bekanntes Gesicht. Es war ihre beste Freundin, die er schon ein paar Mal gesehen hatte. Sie sah müde und besorgt aus, erkannte ihn sofort und kam auf ihn zu.

Er fragte sich, ob sie Bescheid wusste. Wusste sie, dass er das Landhaus gemietet hatte und es ein gemeinsames Wochenende werden sollte? Hatten sie vielleicht noch kurz vor dem Unfall telefoniert?

Angst schnürte seine Kehle zu und sein Mund war trocken. Er mahnte sich selbst, jetzt nur nicht schlapp machen.

Die Freundin nahm ihn beim Arm und zog ihn an die Seite. Dann erzählte sie ihm, was sie wusste. Der Wagen habe sich vor drei Nächten auf einer Landstraße, 150 km von hier entfernt, bei hoher Geschwindigkeit mehrmals überschlagen. Laut Polizei hätte sie die Kontrolle verloren, es wäre kein anderes Auto an dem Unfall beteiligt gewesen. Dank der Sicherheitstechnik habe sie nur ein paar Prellungen und eine Hirnblutung.

Er schluckte schwer und musste sich an der Wand anlehnen. Man könne noch nicht sagen, ob sie jemals wieder wach werden oder ob Schäden am Hirnstamm bleiben würden. Im Moment würde es nicht gut aussehen. Aber sie wäre eine Kämpferin und würde das hier schon überstehen. Da war sie sich sicher.

Er dachte an die Tasche in seinem Kofferraum, sah wieder ihre angstvollen Augen. Wie konnte er jetzt in das Zimmer gehen und sich ihren geschundenen Körper ansehen? Er wagte schon der Freundin kaum ins Gesicht zu sehen.

Ihm wurde schwindelig und er merkte, dass die Freundin ihn mitleidig ansah. Sie forderte ihn auf, mit ihr in die Cafeteria zu gehen, er bräuchte bestimmt nur einen starken Kaffee, sagte sie. Sie müsste ihm eh noch etwas erzählen, was sie ungern auf dem Flur hier täte, sagte sie leise zu ihm.

Kapitel 11

Die Sicht der Freundin

Als er auf die Station kam, erkannte sie ihn sofort. Sie hatte nie gewusst, was ihre beste Freundin an ihm fand, aber vielleicht war es seine Größe und seine Ausstrahlung. Sie selbst fand nichts Besonderes an ihm, sie sah aber, dass es ihm nicht gut ging. Er wirkte aschfahl im Gesicht und sein Gang war unsicher. Ein starker Kaffee würde ihm guttun. Ihr selbst auch, sie musste ihm den Rest der Geschichte beibringen. Da könnte sie selbst einen starken Schnaps gebrauchen, es war wirklich nichts was man gerne erzählte.

Wann hatte ihre Freundin ihn überhaupt das letzte Mal gesehen? Hatten die beiden noch Kontakt? Ihre Freundin hatte ihn die letzten Wochen nicht mehr erwähnt.

Da sie von Anfang an gegen diese Beziehung gewesen war, hatte sie irgendwann nicht mehr nach ihm gefragt. Er war nicht gut genug für ihre allerbeste Vertraute, das hatte sie immer geahnt.

Aber nun war er hier und sie wusste, dass ihre Freundin ihn liebte, immer geliebt hatte. Also musste sie ihm jetzt zur Seite stehen, ob es ihr gefiel oder nicht, das wollte sie jetzt außer Acht lassen. Egal, was es für ein hin und her zwischen den beiden gewesen war, es ging sie nichts an. Ihre Freundin und sie hatten sich nie gegenseitig in ihre Lebens- oder Liebesweise reingeredet.

Sie wusste aber auch, dass es in ihrer Jugendzeit schon schwierig mit ihm gewesen war. Viel Traurigkeit hatte er in das Leben ihrer längsten und liebsten Vertrauten gebracht. Schon damals, vielleicht mochte sie ihn auch deshalb nicht.

Sah sie da Anzeichen eines schlechten Gewissens in seinen Zügen? Sie konnte sich nicht vorstellen, dass es da noch einen anderen Mann im Leben ihrer Freundin gab, da sie das letzte halbe Jahr sehr unter der Situation mit diesem Mann hier, der ihr gegen über saß, gelitten hatte.

Er konnte ihr nicht weismachen, dass er nicht auch etwas empfand. Blass und mit rot verweinten Augen saß er ihr gegenüber und seine Hände zitterten. Er wagte kaum, sie anzusehen. Was stimmte da nicht, irgendetwas kam ihr komisch vor, in seinen Gesichtszügen.

Sie blickte ihm direkt ins Gesicht und fragte: „Wann hast du sie das letzte Mal gesehen? Ich möchte keine Ausflüchte und keine Lügen hören von dir. Erzähl mir, was passiert ist. Ich sehe dir an, dass irgendetwas nicht stimmt, auch wenn ich dich kaum kenne."

Er senkte den Kopf und sie sah die Tränen über sein Gesicht laufen. Jetzt tat er ihr leid, wie er hier saß wie ein geprügelter Hund und ihr Rede und Antwort stehen musste.

Tränen liefen über seine Wangen ... Sie war nicht so weichherzig wie ihre Freundin, würde sich nicht von ihm einwickeln lassen. Es musste jetzt mal geklärt werden, wie er zu der Situation und seiner Beziehung mit ihrer Freundin stand.

Das Ganze lief jetzt schon über zwei Jahre und war eine Berg- und Talfahrt der Gefühle, so wie es aussah, auch für ihn. So konnte es auf Dauer nicht weitergehen, sie wusste, er war verheiratet, aber er sollte endlich mal für klare Verhältnisse Sorgen, egal, wie.

Er weinte noch immer still, und seine Schultern bebten. Sie schob ein Papiertaschentuch rüber und legte eine Hand auf seinen Arm. Jetzt musste er Farbe bekennen, sie würde keine Ausflüchte dulden, nicht hier und erst recht nicht in dieser Situation.

Ihr Blick war streng als sie sagte: „ Erzähl mir alles, von Anfang an! Du brauchst nichts zu beschönigen, wir sind erwachsen und alt genug, um uns nichts mehr vorzumachen!“

Egal, was er zu erzählen hatte, es konnte kaum noch schlimmer werden. Wie sie sich da doch irrte ...

Wo sollte er anfangen? Was sollte er sagen! Ihre Augen waren scharf auf ihn gerichtet, sie beobachtete jede Regung von ihm. Ihr harter Blick durchbohrte in förmlich. Er nahm einen Schluck Kaffee und stellte mit zitternden Händen die Tasse weg.

Er beschloss, mit den Worten anzufangen: „Ich liebe sie … Sie ist die Liebe meines Lebens ...“

Dann begann er mit leiser Stimme aus ihrer Jugendzeit zu erzählen. Wie sie sich kennengelernt hatten und wie er schon damals in sie verliebt gewesen sei. Aber er war jung und dumm gewesen und hatte sie verloren. Als er sie wiedergefunden hatte, war er verwirrt gewesen, da sie beide ein Leben hatten und Familie. Sie hatte ihn verwirrt und er habe Angst gehabt, sich der Situation zu stellen. Ruhig sagte er ihr, dass er feige gewesen wäre. Er konnte damit nicht umgehen, gab er unumwunden zu. Es tat gut, sich das alles einmal von der Seele zu reden und sich zu rechtfertigen. Auch wenn sie ihm nicht helfen konnte, hörte sie ihm doch zu. Das Unheil bei diesen ganzen Geschehnissen kam erst noch auf sie zu.

Das Schlimmste stand ihm noch bevor, er musste das Ganze schildern und wenn er es aussprach, war es noch realer für ihn. Erst einmal erzählte er, dass er sich von seiner Frau getrennt habe und sich entschieden hatte, endlich zu seinen Gefühlen für sie zu stehen.

Er hatte Angst, der Freundin von den Geschehnissen im Landhaus zu erzählen. Wie würde sie dazu stehen, würde sie es verstehen oder würde sie die Polizei einschalten? Er wusste es nicht, wollte aber nicht mehr lügen. Hier, in der kalten, muffigen Krankenhauskantine, wollte er sich endlich alles von der Seele reden. Er erwartete keine Absolution, aber er hoffte auf Verständnis.

Dass sich die Ereignisse so entwickelt hatten, war eine Verkettung von unglücklichen Umständen. Das sah er jetzt ganz klar, trotzdem würde er nicht damit leben können, was er ihr angetan hatte.

Nach einer kurzen Pause beichtete er weiter. Sie konnte gut zuhören und stellte keine Zwischenfragen. Er konnte sie nicht ansehen dabei, hatte den Blick weiter gesenkt. Er schämte sich, schämte sich zutiefst, vor dieser Frau, die er kaum kannte. Aber sie konnte ihm vielleicht helfen, konnte ihm sagen was er tun sollte.

Er fuhr weiter fort und begann mit ihrer Ankunft vor fünf Tagen am Landhaus. Dass er ein schönes Wochenende für sie beide geplant hatte und sie glücklich waren, gemeinsame Stunden zu verbringen. Einzelheiten, was sie zwei Tage gemacht hätten, ließ er aus.

Er berichtete kurz und knapp, dass sie sich beide für eine gemeinsame Zukunft entschieden hätten. Dass er lange nicht mehr so zufrieden und glücklich gewesen sei und er das Gefühl gehabt habe, es gehe ihr genauso.

Seine Stimme wurde noch leiser, als er von den Ereignissen des Abends sprach, der alles verändert hatte. Er konnte es nicht beschönigen und wollte es auch nicht. Wieder liefen Tränen über seine Wangen und ab und an brach seine Stimme.

Die Freundin hatte ihre Hand von seinem Arm genommen und hörte weiter zu.

Die Ereignisse genau zu schildern, hielt er für unnötig, sie würde ihn eh für ein Schwein halten und ihn hassen. Dass sein Freund im Haus gewesen war, vergaß er zu erwähnen, zu groß lastete das Gefühl der Schuld auf ihm. Er traute sich nicht, hochzuschauen, er wollte nicht die Gefühle des Ekels oder Abscheus in ihren Augen lesen. Die Brutalität seiner Tat versuchte er nicht zu verschleiern. Der Alkohol habe ihn komplett ausgeschaltet, und er habe sich komplett vergessen, wusste aber auch nichts mehr, hatte keine Erinnerung, sondern einen kompletten Blackout gehabt.

Er erwähnte auch, dass er noch nie so extrem reagiert habe, wenn er getrunken hatte, aber dass sie wenig gegessen und geschlafen hatten, war den Geschehnissen wohl förderlich gewesen. Das war das Einzige, was er zu seiner Verteidigung anbringen konnte.

Er schloss mit den Worten: „Ich liebe sie. Ich weiß, dass ich sie verloren habe."

Mittlerweile war er in sich zusammengesunken und seine Augen waren blutunterlaufen. Er fühlte sich ausgebrannt, aber auch etwas erleichtert, dass er sich die Geschichte von der Seele reden konnte.

Jetzt musste er über sich urteilen lassen und warten, wie sein ungeschönter Bericht aufgenommen wurde. Und egal, wie sein Bericht auf sie gewirkt hatte, er würde sich ihrem Rat fügen. Er brauchte Unterstützung und Hilfe von jemandem der seine Tat beurteilte, sonst würde er komplett durchdrehen.

Sie sah seine Qual und das Bewusstsein das er etwas furchtbares getan hatte konnte sie in seinen Gesichtszügen lesen.

Als er geendet hatte, schwieg sie.

Er hatte ungeschönt berichtet, kurz und klar, hatte fast emotionslos eingestanden, dass er von der eigentlichen Vergewaltigung nichts mehr wusste. Die Verletzungen ihrer Freundin waren oberflächlich, aber zahlreich. Von ihrer Seelenqual, da wollte sie gar nicht drüber nachdenken, mal ganz abgesehen.

Sie schluckte, als er geendet hatte und klammerte sich an ihre Tasse. Der Schock saß tief, was hatte er sich dabei gedacht? Sie fühlte einen Anflug von Hass in ihrem Inneren, doch die Vernunft siegte. Er war kein schlechter Mensch, das erkannte sie. Die Situation hatte sich verselbstständigt und war aus dem Ruder gelaufen. Eine Verkettung unglücklicher Umstände.

Sie mochte sich nicht ausmalen, wie ihre liebste Freundin gelitten hatte in jener Nacht. Wie sie anschließend in ihrem Wagen gelitten hatte und deshalb einen schweren Unfall gehabt hatte, von dem sie sich vielleicht nie wieder erholen würde.

Was sollte sie ihm sagen? Was würde seinen Schmerz lindern? Aber diese Schuld würde ihm keiner abnehmen können, außer ihre Freundin, indem sie ihm vergeben würde. Sie wusste jetzt von seiner Liebe zu ihrer Freundin und das setzte doch alles in ein etwas anderes Licht.

Auch wenn sie selbst ihm das niemals verzeihen konnte, sie wusste, die Liebe ließ vieles verzeihen.

Sie liebte ihre Freundin von ganzem Herzen für ihre

Großmütigkeit und sie wusste, dass sie diesem Mann alles verzeihen würde. Sie würde nicht nachtragend sein, würde seine Tränen trocknen und verzeihen. Sie fragte sich nur, ob sie ihm jemals wieder vertrauen konnte, aber so weit waren sie noch nicht.

Sie musste überlegen, was nun zu tun war. Was sollte er tun ... Konnte sie ihm einen Rat geben?

Sie musste nachdenken. Als sie ihn ansah, blickte er noch immer nach unten.

„So ergibt die ganze Geschichte einen Sinn“, sagte sie leise. „In aller Frühe allein unterwegs, nur im Pullover und so viele Wunden von körperlicher Gewalt, was hast du dir dabei gedacht, sie so fahren zu lassen? Herrgott nochmal, du bist ein erwachsener Mann, benimm dich gefälligst auch so.“

Sie war wirklich sauer, hatte er sein Hirn in dieser Nacht verloren? Er hätte sie aufhalten müssen, egal, wie. Dafür sorgen müssen, dass sie heil nach Hause kommt, egal, unter welchen Umständen. Dann schluckte sie und atmete tief durch. Sie musste ihre Wut zügeln, das brachte niemanden weiter. Mit Schuldzuweisungen konnte man nichts mehr ändern. Er war gestraft genug mit seinem Gewissen, die Tränen liefen noch immer aus seinen Augen.

Sie legte ihm eine Hand auf den Arm und sprach weiter zu seinem gesenkten Kopf: „Du musst zur Polizei, du musst das klarstellen, den Vorfall schildern. Sie wird dich nicht anzeigen, wenn sie aufwacht. Sie wird ein wenig Zeit brauchen, aber sie wird dir verzeihen. Ich weiß es ... ich kenne sie gut. Sie hat ein gutes Herz und wird verstehen, dass es der Alkohol war. Und wenn nicht, wenn ich mich irre, wirst du auch damit leben müssen!“

Er schaute hoch, er tat ihr leid. Was sollte sie noch sagen, er musste mit seiner Schuld leben. Sie hoffte, dass er jetzt das Richtige tat. Mehr konnte sie im Moment nicht für ihn tun, und das wollte sie auch gar nicht. Er würde büßen müssen, so oder so.

Nun musste er ihrer Freundin recht geben. Er musste zur Polizei gehen, konnte das so nicht auf sich beruhen lassen. Je länger er es verheimlichen würde, desto schlimmer würde es werden, wenn alles ans Licht kam. Es musste alles richtiggestellt werden, aber dazu musste er sich einen Anwalt nehmen. Der Firmenanwalt würde erst mal ausreichen. Er hoffte, dass er keinen Strafverteidiger brauchen würde.

Wie konnte etwas so entgleisen, dass es mehrere Leben zerstörte? Und er war dafür verantwortlich, das war das schlimmste, was bis jetzt in seinem Leben passiert war.

Er ging in den Waschraum und spritzte sich kaltes Wasser ins Gesicht, starrte sich im Spiegel an. Seine Züge waren eingefallen, die Augen blutunterlaufen. Er musste sich zusammenreißen, hatte große Lust, einfach nur zu schreien. Er ballte die Hand zur Faust und schlug gegen den Fliesenspiegel, hörte seine Knöchel knacken. Der Schmerz tat gut.

Nun aber wollte er sie erst mal sehen. Sehen, was er angerichtet hatte.

Die Angst schnürte ihm die Luft ab. Angst, es nicht auszuhalten sie so zu sehen.

Die Freundin war gegangen, und er war allein mit seinen Gedanken und seinem Selbsthass. Er dachte an die Tasche in seinem Kofferraum, ihre Sachen waren darin. Jetzt lag sie hier und er wusste nicht, ob er ihr jemals wieder in ihre dunklen Augen schauen konnte. Ob es dazu kommen würde, dass sie ihm verzieh oder ob sie ihn abgrundtief hassen würde? Oder sich gar vor ihm ekeln würde? Vielleicht würde er sie nie wieder in seine Arme nehmen können und ihr nie sagen, dass er sie so sehr liebte.

Er saß vor der Glastür und hatte Angst, hineinzugehen, Angst vor dem, was er zu sehen bekommen würde. Aber es musste sein, er konnte wenigstens ihre Hand halten und er konnte ihr alles erklären, sie würde ihn eh nicht hören.

Sie lag im Koma. Mit diesem Bewusstsein betrat er das Zimmer. Er wollte sehen, was er angerichtet hatte, wie er ihr Leben zerstört hatte.

Der Ekel vor sich selbst überrollte ihn. Ein gewissenloses Schwein war er, immer nur darauf bedacht, dass alles glatt lief in seinem Leben.

Ihm wurde übel, als er den Raum betrat. Der Geruch im Zimmer war scharf und die Desinfektionsmittel brannten in seien wunden Augen. Sofort schossen wieder Tränen hoch.

Sie lag in dem riesigen, weißen Bett, umgeben von medizinischen Geräten, die blinkten und piepten. Zerbrechlich sah sie aus und verletzlich, der Kopf war dick bandagiert.

Wie tot wirkte sie, so wie er sich innerlich fühlte.

Er sah, dass sie atmete, aber was für ein Leben war das für sie? Ihre Lippen waren noch blutig und er krümmte sich innerlich zusammen vor Scham.

Er sank vor dem Bett auf die Knie und nahm ihre schmale Hand in seine. Küsste die Fingerspitzen, ihre Hände waren so kalt. So furchtbar kalt.

Er schluchzte laut. Dann weinte er wieder ...

Die Krankenschwester, die hereinkam, legte ihm tröstend die Hand auf die Schulter. Er bemerkte es nicht einmal.

Blind vor Tränen schaute er in das wachsbleiche Gesicht.

In Gedanken hörte er ihre dunkle Stimme, wie sie ihn neckte und seinen Namen sagte. Die Schuld, die auf ihm lastete, gab ihm das Gefühl, daran zu ersticken.

Er würde ihr alles erzählen, auch wenn sie ihn nicht hören konnte. Als die Schwester das Zimmer verließ, zog er sich einen Stuhl heran und legte seinen Kopf neben ihren.

Dann begann er flüsternd mit ihr zu reden. Immer wieder entschuldigte er sich, sagte ihr, wie sehr er sich hasste für das, was er ihr angetan hatte.

Voller Hoffnung schaute er in ihr Gesicht, Hoffnung auf eine Regung, Hoffnung, dass er sie erreichte, das sie ihn hörte und verstand. Aber sie blieb stumm, ihr Gesicht zeigte keinerlei Bewegung.

Er beugte sich zu ihr runter, küsste sanft ihre wunden Lippen und verließ den Raum. Er wollte den behandelnden Arzt sprechen.

Sein Gespräch mit dem Arzt verlief kurz, da er kein Angehöriger war. Auf sein Drängen hin erschien der leitende Oberarzt, nachdem er laut geworden war, wieder zu seiner gewohnten Autorität zurückgefunden hatte. So eine Verletzung bräuchte Zeit, sagte ihm der Arzt. Es wäre alles offen, er sollte hoffen und beten.

Die Frage, wie er zu ihr stünde, beantwortete er dem Arzt mit einem knappen Satz: „Sie ist die Liebe meines Lebens!“

Nachdem er klargestellt hatte, dass er für alle Extrakosten und jedwede mögliche Behandlung, die hilfreich sein könnte, aufkommen würde, wurde der Arzt umgänglicher. Er hinterließ seine Kontaktdaten nebst Kreditkartennummer und verließ mit einem knappen Nicken die Station.

Was konnte er noch tun?

Ihre Existenz zu sichern und alles, was sie sich aufgebaut hatte, war jetzt wichtig. Sie sollte nicht aufwachen und feststellen, dass sie alles verloren hatte.

Er klammerte sich an den Gedanken, dass sie wieder wach werden würde. Er musste nur geduldig sein und daran glauben. Sie musste einfach wieder gesund werden.

Was sollte er ohne sie tun? Hoffen und beten, hatte der Arzt gesagt. Das würde er tun, und er würde niemals aufgeben. Er würde alles darum geben, sie wieder lachen zu sehen ...

Zweiter Teil

Wirren der Tat

Kapitel 12

Der Anwalt

Er hatte sich entschieden, auf den Rat ihrer Freundin zu hören. Direkt einen Tag später suchte er den Rechtsverdreher seiner Firma auf. Zum Glück war er in seinem Alter und sie teilten diverse Hobbys und Vorlieben miteinander. So konnte er schonungslos und offen sprechen.

Er wollte nicht lügen und sich noch in irgendein Durcheinander verstricken, seinen Erfahrungen nach war Ehrlichkeit immer die beste Option. Er hatte genug gelogen in den letzten zwei Jahren.

Die Straßen waren voll auf dem Weg zur Kanzlei. Ihm war nicht wohl in seiner Haut und er fragte sich in diesem Moment, was noch alles auf ihn zukam. Er versuchte zu denken, zu entscheiden, was er sagen wollte.

Dort angelangt wurde er sofort in das Büro des Kollegen geführt.

Den angebotenen Whiskey lehnte er dankend ab. Er würde nie wieder auch nur einen Tropfen dieses Gifts anrühren. Schon bei dem Geruch der geöffneten Flasche fühlte er sich, als wenn er wieder im Schlafzimmer des Landhauses in dem Sessel am Fenster sitzen würde. Noch nie hatte ihn ein Geruch so angeekelt.

Er sah sie vor sich, so lebendig, so sexy in dem Moment, und ein schmerzhafter Stich machte sich in seiner Brust bemerkbar.

Während er tief durchatmete, wurde er auch schon gefragt was los sei. Absolute Offenheit war hier jetzt angesagt. Er erzählte seine und ihre Geschichte von Anfang an.

Jede Einzelheit, angefangen in der Jugendzeit, dass sie sich schon lange kannten, über die Treffen, die daraus resultierende Affäre und die Wirren, die für ihn daraus entstanden waren. Dass er nicht mehr richtig klargekommen wäre mit seinem Leben. Er verspürte den Drang, sich irgendwie zu verteidigen vor seinem Kollegen, der ihm beruhigend zulächelte.

Er erzählte von seinem Entschluss, sich zu trennen, seine Ehe aufzugeben und von seiner Liebe zu ihr. Wie sie immer wieder an ihm gezweifelt hatte und er das Unvermeidliche nicht hatte kommen sehen. Dass er sich erneut in sie verliebt hatte und ohne sie nicht mehr sein wollte. Sein ganzes Leben zu ändern, dazu musste er erst mal die Kraft aufbringen.

Der Anwalt nickte und lächelte ihm wieder aufmunternd zu. Also fuhr er fort mit seinem Bericht.

Wie obsessiv ihre Beziehung am Anfang gewesen war, dass der Sex mit ihr rauschhaft war, erzählt er mit schonungsloser Offenheit, so wie er es sich vorgenommen hatte. Die Ereignisse vor sechs Tagen schilderte er so, wie er sie in Erinnerung hatte. Versuchte sich jede Einzelheit wieder ins Gedächtnis zu rufen. Die eigentliche Tat konnte er nicht schildern, da dort keine Erinnerungen waren, die er abrufen konnte. Bis hin zu dem schwatzhaften Nachbarn, der ihm von dem Unfall berichtet hatte, ließ er nichts aus. Auch seinen Besuch in der Klinik und sein Gespräch mit dem Arzt erzählte er.

Sein Kollege hörte gute neunzig Minuten ruhig zu, stellte die ein oder andere kurze Frage und machte sich Notizen dabei. Sein Gesicht war ohne jede Regung, wenn er schrieb, ließ er sich nichts anmerken.

Als er geendet hatte mit seinem Bericht, räusperte er sich vernehmlich. Sein fragender Blick ging über den Schreibtisch, zu dem unbeweglichen Gesicht. Wie ging es jetzt weiter?

Die Frage, ob sie das ganze Wochenende allein gewesen wären, verneinte er wahrheitsgemäß. Er hatte das Gespräch mit seinem Freund verdrängt, aber nun fiel es ihm wieder ein. Er versuchte, die Zeiten abzuschätzen, wann sein Freund gekommen und wann er gegangen war. Der Anwalt machte sich auch hierzu eine kurze Notiz. Name, Adresse und Telefonnummer seines Freundes wollte er auch.

Im Anschluss an die Notiz riet er ihm, jetzt, hier sofort zur Polizei zu fahren, um den Verdacht der Vergewaltigung vom Tisch zu bekommen. Er würde ihn begleiten, damit es nicht zu Missverständnissen kommen würde. Klarheit und Ehrlichkeit wären kein Verbrechen. Und entarteter, etwas härterer Sex auch nicht. Wer hätte nicht unter Alkohol mal über die Stränge geschlagen, es war ja auch viel Alkohol im Spiel gewesen.

Bei der Abschwächung der Tat stieg ihm die Röte ins Gesicht. Etwas härterer Sex, er berichtete von dem vielen Blut. Der Anwalt zuckte mit den Achseln, er würde sich Akteneinsicht geben lassen, um so die Schwere der Verletzungen einzuschätzen, bemerkte er nüchtern. Aber so etwas dauerte immer, gab er zu bedenken. Der Unfall, meinte er, der daraus resultiert wäre, das waren schrecklich unglückliche Umstände, die man nicht mehr rückgängig machen könnte. Man sollte einen klaren Kopf behalten und das Ganze nicht zu sehr aufbauschen, da ja keine Anzeige oder ein Tatvorwurf vorliege und das ja wohl auch nicht kommen würde. Man wüsste ja gar nicht wie es weitergehen würde mit ihrer Gesundheit. Er betrachtete den Ablauf der Geschehnisse kühl und sachlich und sprach ihm Mut zu, dass nichts passieren würde, und wiederholte das ja der Tatvorwurf fehlen würde. Er bat ihn auch, seinen Freund als Zeugen anzugeben, da es ein Beweis wäre, dass keine Unstimmigkeiten zwischen ihnen als Paar gestanden hatten.

Weder er noch sein Anwalt ahnten, welche Abgründe sich hinter der Stirn seines besten Freundes auftaten, wie konnten sie auch?

Also fuhren sie gemeinsam zur Wache, ein paar Straßen weiter. Der junge Polizist war freundlich und auch nicht schockiert. Das lag wohl an seinem sozialen Status, da er hier im Ortsteil bekannt war.

Sein Anwalt übernahm das meiste Reden und stellte klar, dass sich sein Mandant in einer Beziehung mit dem Unfallopfer befand und durch die Umstände schon gestraft genug war. Er betonte auch, dass er freiwillig seine Aussage mache, damit alle Verdachtsmomente ausgeräumt werden könnten. Er könne einen Zeugen benennen, das es keine Unstimmigkeiten zwischen dem Paar gegeben hätte.

Er hörte gar nicht mehr richtig zu, dachte nur an ihre schönen Augen und ihr süßes Lächeln und ihre Lebendigkeit, die er ihr genommen hatten.

Als man ihn ansprach, da erst spürte er die Tränen auf seinem Gesicht.

Der junge Polizist hüstelte verschämt und klopfte ihm zum Abschied auf die Schulter, mit der Aussage, sie wären ja schließlich Männer und hätten alle schon mal härteren Sex gehabt. Dabei zwinkerte er ihm vertrauensvoll zu.

Entsetzt wollte er gerade zum Reden ansetzen, als sein Anwalt sich lautstark verabschiedete und ihn Richtung Tür schob. Dabei grub sich seine Hand auf der Schulter des Mandanten ein, um ihn zum Schweigen zu bringen.

Der Anwalt sah ihm an, dass er gerne eine Erwiderung gegeben hätte.

Draußen vor der Wache sagte der Anwalt, dass die Tränen der Reue genau zur richtigen Zeit da gewesen wären. Er war sprachlos, wie seine Tat hier abgehandelt wurde, eine Tat, für die er sich so schämte und die ihn so belastete. Aber die Polizei bekam wohl täglich mehrmals Schlimmeres zu sehen, also war das hier für sie noch nicht einmal ein Strafdelikt. Es war nichts zur Anzeige gebracht worden, also interessierte es niemanden. Entsetzen im Blick nickte er einen kurzen Abschiedsgruß und begab sich zu seinem Auto.

Als er eingestiegen war wählte er die Nummer seines Freundes. Er musste ihn informieren, dass er als Zeuge genannt worden war. Eigentlich passte ihm das gar nicht nach dem Ausgang ihres letzten Gesprächs. Aber er fühlte sich verpflichtet, sie kannten sich schließlich seit ihrer Kindheit. Er war immer der Erfolgreichere gewesen, seinen Freund immer mitziehend und zum Erfolg motivierend. In den letzten Jahren hatte sich ihre Beziehung verschlechtert, war voller aggressiver Untertöne von Seiten seines Freundes aus gewesen. Seit ungefähr einem Jahr fand er ihn nur noch anstrengend und hatte sich etwas zurückgezogen. Er wollte auch nicht mehr die goldene Gans spielen. Unsummen waren schon geflossen, immer unter dem Deckmantel der Freundschaft. Ob er dieses Geld jemals zurückerhalten würde, stand in den Sternen. Er half gerne, aber irgendwann musste ein Ende gefunden werden. Das hatte er ihm beim letzten Streit im Landhaus klargemacht.

Bei dem Gedanken an diesen Tag drehte sich sein Magen um. Die bösen Worte seines Freundes hallten noch in seinen Ohren nach. Was war nur in ihn gefahren, dass er so hasserfüllt reagiert hatte? Man konnte ihn doch nicht ewig unterstützen. Irgendwann sollte er endlich lernen, allein zurechtzukommen.

Er wünschte sich in diesem Moment, dass ihr Gespräch anders verlaufen wäre und sein Freund ein Übernachtungsgast geworden wäre. Dann hätte der ihn aufhalten können, wahrscheinlich wäre es nie dazu gekommen, da sie sich gemeinsam bis zum Delirium betrunken hätten. So wie früher, in alten Zeiten. Als sie sich noch alles anvertraut hatten und füreinander da gewesen waren. Nun aber war es zu spät für Reue, und er fand seine Entscheidung, wie das Gespräch stattgefunden hatte und den Ausgang des Selbigen noch immer genau richtig. Es würde schon wieder Ruhe einkehren und sein Freund würde sicherlich auch entsetzt sein über den Ausgang des Tages und ihren schrecklichen Unfall. Egal, was zwischen ihnen war, sie hatten sich immer gegenseitig zugehört und unterstützt, wenn es auch weniger geworden war und er von seiner Affäre nur am Rande berichtet hatte, da sein Freund sich schon seit Jahren durch alle Betten schlief, die sich ihm boten. Aber das war nie seine Baustelle gewesen, jeder sollte vor seiner eigenen Tür kehren, dachte er bei sich.

Sein Freund nahm nicht ab und er bat um Rückruf auf der Mobilbox. Er machte sich auf die Fahrt zur Uniklinik.

Als er auf den Parkplatz fuhr, klingelte sein Telefon. Sein Freund ... Er nahm den Anruf entgegen und berichtete knapp von ihrem schweren Unfall und dass es sein könne, dass die Polizei Fragen stellen würde. Dass sie im Koma läge und man nicht wisse, ob sie überhaupt je wieder zu sich kommen würde.

Der Zuhörer am anderen Ende reagierte recht kühl, kein Entsetzen und auch keine Nachfrage, warum. Kein „es tut mir leid“ oder gar „brauchst du mich?“. Kein „sollen wir reden“, nichts ... Kühl, nein eher kalt, hörte sich seine Stimme an als er sagte: „Nun ja, auch bei dir kann nicht immer alles perfekt sein!“ Dann wurde auf der anderen Seite aufgelegt.

Seltsam, sagte er sich. Sie hatten sich zwar gestritten, aber das hatten sie in den vielen Jahren ihrer Freundschaft ständig. Sie waren unterschiedlich und oft entgegengesetzter Meinung. Aber diese Kälte, dieses Desinteresse? Sie hatten sich immer gegenseitig unterstützt und durch schwierige Zeiten begleitet. Diese Situation kannte er gar nicht und auch die Reaktion seines einstigen besten Freundes war ihm fremd. Hatten sie sich im Laufe der Zeit so sehr voneinander entfernt?

Er wusste so gar nicht mehr, was in den letzten Monaten im Leben seines Freundes vorgefallen war, er hatte genug eigene Probleme gehabt. Aber sie waren ja auch erwachsene Männer und wenn sein Freund ihn gebraucht hatte, war er immer da und wäre für ihn eingesprungen. Er erinnerte sich an das letzte Gespräch im Landhaus mit ihm.

Und plötzlich erinnerte er sich an seine letzten Worte, bevor er wutentbrannt aus dem Haus gestürmt war: „Das wirst du noch bereuen!“

Die feinen Haare in seinem Nacken stellten sich auf. Was hatte er damit gemeint? Er verstand den Satz nicht so richtig, aber er bereute, und zwar zutiefst, was nach dem Gespräch in jener Nacht passiert war.

Irgendwas stimmte nicht, irgendetwas passte nicht zusammen. Er konnte nicht greifen, was es war, aber er hatte ein ungutes Gefühl in Bezug auf seinen Freund, war es eine Vorahnung? Was war in seinen Freund gefahren, dass er so ganz ohne Mitgefühl war? Und auch dass er selbst keine Erinnerungen mehr an diese Nacht und ihre Geschehnisse hatte, war seltsam. Alles war weg aus seinem Gedächtnis, so sehr er sich auch anstrengte, seine Erinnerung kam nicht zurück. Ein großes, schwarzes Loch, das hatte er noch nie erlebt und er war wahrlich schon betrunkener gewesen in seinem Leben. Selbst bei einem Filmriss hatte er immer Erinnerungsfetzen behalten, das hier war etwas völlig anderes.

Weg, komplett, er wusste noch, dass er sie gefesselt hatte und furchtbar scharf auf sie gewesen war. Er hatte angefangen sie zu streicheln, dann plötzlich hatte er das Gefühl, alles wäre ausgeblendet, mitten im Liebesspiel. Das gab es doch gar nicht, nicht bei seiner immer unbändigen Lust auf sie. Es fühlte sich seltsam an, so eine Lücke im eigenen Kopf zu haben.

„Das wirst du noch bereuen“, hämmerte es hinter seiner Stirn, wie hatte er das gemeint? Immer wieder stellte er sich diese Frage.

Er saß auf dem Parkplatz im Auto und versuchte es nochmal, mit geschlossenen Augen holte er sich die Situation in seinen Kopf zurück. Er spürte das Glück dieses Nachmittags erneut, sie war so glücklich gewesen, er hatte sich so frei gefühlt. Ohne Druck, ohne Last, ohne Sorgen.

Dann war sein Freund aufgetaucht und mit ihm Aggression und unterdrückte Wut und Drohungen. Dann der Abgang seines Freundes mit den bitterbösen Worten, dass er es noch bereuen würde. Inwiefern bereuen? Dass er ihm kein Geld mehr gab, würde er gewiss nicht bereuen. Was hatte er gemeint?

Er wusste nur nebelhaft, wie er hoch ins Schlafzimmer gekommen war. Es war alles schwarz, nicht ein kleiner Funke der Erinnerung. Erst mit seinem Aufwachen setzte sein Erinnerungsvermögen wieder ein. Ab da war es alles wieder klar.

Er fühlte noch einmal das Entsetzen der Erkenntnis, was er ihr angetan hatte. Sofort wurde ihm wieder übel und Tränen stiegen in seine Augen. Aber trotzdem hatte er das seltsame Gefühl, dass irgendetwas nicht passte in seinen Erinnerungen. Wenn er nur wüsste, was?

Er musste noch einmal zurück in das Landhaus, auch wenn es ihn fast um den Verstand bringen würde.

Er musste zurück und sich versuchen zu erinnern.

Es musste sein ...

Am nächsten morgen machte er sich auf den Weg zum Landhaus. Die ersten hundert Kilometer fuhr er über die Autobahn, dann runter auf die Landstraße. Das Wetter war trocken und kalt und die Sonne schien vom knallblauen Himmel.

Auf der Höhe der Unfallstelle, kurz vor seinem Ziel, hielt er an. Mit wackeligen Beinen stieg er aus und stand am Straßenrand. Der Wind zerrte an seinen Haaren und seiner Kleidung. Er fühlte weder den Wind noch die eisige Kälte die durch seine Jacke fuhr.

Auf den noch immer aufgewühlten Acker starrend spürte

er, wie ihm wieder Tränen aus den Augen liefen.

Es war erst gut eine Woche her. Noch vor wenigen Tagen war er glücklich gewesen, glücklich mit ihr. Jetzt fragte er sich, würde das Glück jemals zurückkehren? In sein Leben und, noch viel wichtiger, in ihr Leben?

Er stieg wieder ein und merkte, dass er zitterte, vor Kälte, aber nicht nur Kälte die er körperlich fühlte, sondern auch die innerliche Kälte. Die Kälte in seiner Seele, die Angst, nie wieder ihr Lächeln zu sehen und nie wieder ihre Stimme zu hören.

Er musste sich zusammenreißen. Zuerst musste er das komische Gefühl ergründen, was in seinem Inneren bohrte ...

Am Landhaus angekommen parkte er den Wagen. Saß im Auto und starrte auf das Haus, brauchte ein paar Minuten, bis er aussteigen konnte.

Seine Beine zitterten, als er ausstieg, und die Erinnerung an ihre Zeit hier war beinahe so, als wenn es Jahre her wäre. Nicht erst eine Woche.

Er würde nicht reingehen können da er den Schlüssel schon abgegeben hatte. Aber zum Glück war das Haus nicht vermietet und er konnte drumherum gehen. Er blickte zu den Fenstern hoch und fragte sich immer und immer wieder: Was war hier passiert? Hinter diesen Fenstern? Was war mit ihm passiert?

Er war glücklich gewesen, niemals hätte er ihr Gewalt angetan. Warum, zum Teufel, fehlte ihm jegliche Erinnerung an diese Nacht? Diese sechs Stunden waren wie ausradiert, alles war schwarz in seinem Kopf.

Über eine Stunde ging er immer wieder um das Grundstück herum und versuchte fieberhaft die Gedanken und

Gefühle zurückzuholen, die er an diesem Abend gehabt hatte. Betrunken gewesen war er schon oft in seinem Leben, aber so einen Filmriss hatte er noch nie erlebt. Selbst, als er mehr getrunken hatte.

Ja, er hatte an dem Tag wenig gegessen und geschlafen, aber auch das war er gewöhnt. Er war auch Mengen an Whiskey gewöhnt. Mit seinem Freund hatte er immer Whiskey getrunken. Ja, schon eher gesoffen. Einmal im Jahr hatten sie immer über die Stränge geschlagen und sich hoffnungslos betrunken.

Er versuchte, sich zurückzuerinnern, wann er das letzte Mal mit seinem Freund zusammen so viel Whiskey getrunken hatte. Das war schon ein paar Jahre her, zwei oder drei? Er wusste es nicht mehr. Die Flasche Single Malt hatte sein Freund mitgebracht und sie hatten sie zusammen geöffnet.

Früher hätten sie über den Abend verteilt die Flasche leer gemacht und wären dann angetrunken gewesen.

Hatte sein Freund überhaupt mitgetrunken? Er war doch noch Auto gefahren, aber er hatte ein Glas gehabt. Er war sich nicht mehr sicher, aber das brachte ihm jetzt alles nichts.

Als er zu seinem Wagen zurückging und einstieg, wurde ihm bewusst das genauso sein Freund geparkt hatte, vor acht Tagen. An dieser Stelle hatte er hier gestanden. Er wusste es noch sicher, da er ihn am Auto begrüßt hatte.

Plötzlich drehte sich sein Magen um und er spürte seine Tasse Kaffee von morgens hochkommen. Er öffnete seine Tür und beugte sich aus dem Auto, falls er spucken musste.

Ruhig versuchte er seine Atmung in den Griff zu bekommen und mit geschlossenen Augen sog er tief die kalte Luft ein. Konzentriere dich, sagte er zu sich selbst. Irgendetwas ist hier nicht richtig.

Nach ein paar Sekunden hatte er sich wieder im Griff und öffnete seine Augen. Direkt vor ihm lag ein Tablettenblister im Gebüsch. Der Streifen sah neu aus und war leer. Sechs Tabletten, leicht angeschmutzt sah die Verpackung aus. Er griff danach und ein paar Tropfen Wasser perlten über seine Finger. Er drehte den Blister um und las, um welches Medikament es sich handelte. Nuramitan ... Den Namen hatte er noch nie gehört. Wie aus einer Intuition heraus griff er zu seinem Telefon und ging ins Internet. Gab langsam den Namen ein und wartete auf die Suchergebnisse.

Nuramitan war ein Betäubungsmittel, das nicht frei verkäuflich war. Er sog scharf die Luft ein und starrte durch die Frontscheibe seines Wagens. Die Stelle, wo sein Wagen stand, der Whiskey, den sein Freund mitgebracht hatte, die Tablettenverpackung ...

Sah er Gespenster, lag die Verpackung schon länger hier? Aber wie sollte sie hierhin gekommen sein? In dieser Einöde waren nur Wochenendgäste und der Vermieter hatte ihm gesagt, nur in der Saison.

Es war seit vier Monaten keine Saison, die Verpackung lag höchstens eine Woche hier. Er legte die zerknitterte Packung in seine Mittelkonsole und schloss das Fach.

Er war nicht der Mann, der an Zufälle solcher Art glaubte. Zu viele Zufälle, zu undurchsichtig das Ganze, und dann noch sein Bauch, der ihm sagte, irgendetwas stimmte nicht, langsam fing er an zu begreifen.

Wollte er die Wahrheit wissen? Ja, er musste der ganzen Sache nachgehen und musste auch seinen Freund sehen. Vielleicht würde sein Freund Licht in das Dunkel seines

Kopfes bringen oder ihm helfen, das hier zu verstehen.

War sein Blackout nicht nur dem Whiskey geschuldet? Spielten hier noch andere Gründe eine Rolle? Immer wieder die Worte: „Das wirst du noch bereuen!"

Als er den Motor startete, hatte er wieder dieses dumpfe, ungute Gefühl. Eine Vorahnung zu einem Auftakt einer Geschichte, die er eigentlich nicht hören wollte ...

Zuerst aber wollte er nach Hause fahren.

Der Tau hatte seine Schuhe und seine Hosenbeine völlig durchnässt, und er musste trockene Sachen haben. Er prügelte den Sechs-Zylinder durch die Autobahnauffahrt und trat das Gaspedal voll durch. Die Landschaft raste an ihm vorbei und tief in seinem Inneren spürte er eine Unruhe, die auch den letzten Winkel seines Körpers erfasste.

Alle Überlegungen und Schuldgefühle vermischten sich in einem undurchsichtigem Chaos. Er erlaubte sich den Gedanken, was wäre, wenn er sich nicht erinnern könnte, weil er betäubt gewesen war? Was war dann geschehen, wer hatte ihr Gewalt angetan? Nein, das konnte nicht sein. So viele Jahre bedingungsloser Freundschaft, er vertraute diesem Mann, den er seit frühster Kindheit kannte.

Das wäre unmöglich.

Das wäre undenkbar, er dachte an die vielen Erlebnisse, die sie miteinander in all der Zeit gehabt hatten. Die Sorgen und Nöte, die sie miteinander geteilt hatten. Warum hatte sich alles verändert im Laufe der letzten Jahre?

Hatte er sich nicht mehr genug auf die Probleme seines Freundes eingelassen, war er so blind gewesen, dass er nur seine eigenen Probleme im Visier gehabt hatte? Traurig gestand er sich ein, dass sie sich im Laufe der letzten Zeit einfach auseinanderentwickelt hatten.

Das letzte Stück seiner Strecke zog sich endlos. Seine Füße waren nass und eiskalt und er war froh, gleich andere Socken und Schuhe anziehen zu können.

Langsam bog er den Weg in die Straße zu seinem Haus ein, sein Blick fiel auf die Einfahrt. Da stand der schwarze BMW, sein Freund war hier, bei ihm zu Hause. Wollte er zu ihm? Tat ihm das Gespräch von gestern am Telefon leid und er wollte sich entschuldigen und seine Hilfe anbieten?

Es wäre gut, jetzt kurz ein klärendes Gespräch mit ihm zu führen. Aber er war unsicher, ob der Zeitpunkt passend war.

Wieder dieses Ziehen in der Magengegend, etwas stimmte nicht. Er ließ seinen Wagen leise am Haus vorbeirollen und fuhr in die Seitengasse. Warum tat er das? Warum parkte er nicht in seiner Einfahrt und ging hinein? Es war schließlich sein Haus. Er war sich nicht sicher, handelte instinktiv aus dem Bauch heraus. Das war nicht seine Art, er wunderte sich, aber irgendetwas kam ihm komisch vor.

Aber alles war anders seit acht Tagen, sein ganzes Leben hatte sich umgekehrt. Sein Leben von vor zwei Wochen lag plötzlich in weiter Ferne für ihn.

Er stieg aus und ging bis zur Einmündung der Gasse und schaute um die Ecke. Was er dann sah, versetzte ihm einen Schock. Sein Freund und seine Noch-Ehefrau in inniger Umarmung vor seiner Haustür. Zum zweiten Mal an diesem Tag drehte sich ihm sein Magen um. Er musste sich seitlich an dem Laternenpfahl abstützen.

Hatte er sich getäuscht? Er schaute genauer hin, nein, sie küssten sich, nicht so wie Freunde es taten. Sein Freund schob seiner Frau gerade die Finger unter die Bluse und leckte ihr Gesicht ab. Er wunderte sich, dass er keine Eifersucht verspürte, aber es bestätigte ihm, was er schon lange wusste. Seine Ehe war so was von vorbei.

Er atmete tief durch.

Okay, wen seine Frau vögelte, war ihm eigentlich herzlich egal, aber musste es sein bester Freund aus Kindheitstagen sein? Was hatten sich beide dabei gedacht? Wie lange lief die Nummer schon?

Und wann wollten sie ihm mitteilen, dass sie in seinem Haus vögelten? Ihm wurde schlecht und er fragte sich, was hier gerade alles passierte.

Jetzt drehte sich sein Freund um und stieg in sein Auto. Mit einem Winken aus dem Wagenfenster schoss er aus der Straße. Seine Frau ging langsam ins Haus und schob die Tür zu.

Er schnappte nach Luft, ging zurück zum Auto. Konnte er jetzt da hinein ohne sich etwas anmerken zu lassen? Ja, entschied er, das konnte er.

Sie redeten eh kaum noch, seit sie sich zur Trennung entschlossen hatten. Er parkte in seiner Einfahrt, wo vor fünf Minuten noch der BMW gestanden hatte. Sie war im Bad. Die Tür war offen.

Ein knappes „Hallo“ von ihm.

Gut gelaunt rief sie ihm aus dem Badezimmer hinterher: „Dein Freund war hier, er ist gerade weg.“

Ja, dachte er grimmig, das habe ich gesehen.

Er blickte auf das zerwühlte Bett und plötzlich bedeutet ihm dieses Haus, was er mit eigenen Händen gebaut hatte, gar nichts mehr. Auch die Erinnerungen, die er hiermit verband, bedeuteten ihm gar nichts mehr. Sollte sie es behalten und mit seinem Freund hier glücklich werden. Seine Kinder waren erwachsen, woran sollte er hier noch festhalten, was nicht nur materieller Art wäre? Seine Liebe lag in der Klinik im Koma, seine Frau und seiner bester Freund waren Lügner, vögelten hinter seinem Rücken in seinem Haus.

Was soll's?, dachte er sich. Vielleicht hatten die beiden aneinander verdient.

Nun musste er sich eingestehen, er war hier fertig, mit allem. Seine Kinder waren erwachsen, sie würden ihn verstehen. Er hoffte und glaubte so sehr, sie würde wieder gesund werden. Es musste einfach sein, er musste wissen, was passiert war in dieser Nacht und nur sie konnte ihm helfen. Nur sie wusste es.

Er würde mit der Schuld nicht mehr lange zurechtkommen, irgendwann würde er zusammenbrechen. Es durfte nicht sein, dass er ihr so etwas angetan hatte. Es durfte nicht sein, dass sie so etwas durchleben musste.

In Gedanken versunken packte er ein paar Sachen in seine Reisetasche, das Notwendigste für ein paar Tage.

In Richtung Badezimmer sagte er laut: „Ich ziehe ins Hotel!“

Er wechselte seine Socken und Schuhe, verließ drei Minuten später leise sein Haus.

Er musste sich erst einmal beruhigen und fuhr in die Klinik. An ihrem Bett sitzend versuchte er alle Ereignisse zu sortieren. Langsam begann in seinem Inneren ein Bild zu entstehen, das er einfach nicht glauben konnte oder wollte.

Sollte er seinen Anwalt anrufen? Hatte sein Freund so etwas geplant? Geplant, seine Liebe zu zerstören? Oder hatte er einfach nur eine sich ihm bietende Gelegenheit genutzt?

Er konnte nicht fassen, dass er diesem Menschen noch

vor ein paar Wochen sein Leben anvertraut hätte.

Nicht in seinen kühnsten Träumen hätte er mit solch einer Tat gerechnet. Steckte seine Frau mit in der Geschichte?

Hatten beide gieriger weise einen Plan ausgeheckt, den sie für sicher hielten? Wollten sie an sein Geld? Was lief hier hinter seinem Rücken ab, vor allem, wie lange schon?

Er gab zu das er seine Frau vernachlässigt hatte, aber musste sie sich an seinen besten Freund ranschmeißen, von dem sie auch noch wusste, dass er ständig in die Scheiße griff? Oder war es umgekehrt gelaufen? Hatte sein Freund sich an seine Frau rangemacht, als er bemerkt hatte, dass sie unzufrieden war?

Auf der anderen Seite hatte er nur Ahnungen und Vermutungen, nichts Greifbares. Keine Beweise, oder doch?

Er hatte die Tablettenpackung, wusste einen Namen eines Medikaments. Er musste der Spur nachgehen.

Er stand auf, küsste ihre kalte Stirn, streichelte über ihr Haar und verließ das Zimmer. In der Tür stehend dachte er:

Bitte wach auf, lass mich nicht allein!

Festen Schrittes ging er auf das Büro des Oberarztes zu.

Auf sein kräftiges Klopfen ertönte ein lautes „Herein". Er trat ein und schüttelte dem Arzt die Hand. Der Bitte, Platz zu nehmen, kam er dankend nach. Das hier würde dauern.

An Erklärungen und Überzeugungsarbeit. Er musste auch sehen, wie er weiter verfahren wollte, wenn sein Verdacht sich bestätigen würde. Aber erst mal eins nach dem anderen. Er begann, den Art zu befragen. Hatte man Spuren gesichert nach ihrem Eintreffen in der Klinik? Waren Spermaspuren oder Sonstiges gefunden worden?

Der Arzt wirkte erschrocken, dass er so gut Bescheid wusste, und griff wortlos zum Telefon. Wollte er die Polizei benachrichtigen?

„Moment, ich muss von vorne anfangen", sagte er leise.

Der Arzt legte den Hörer wieder auf das Telefon, sah ihn erwartungsvoll an, faltete die Hände und lehnte sich in seinem Stuhl zurück.

Dann erzählte er dem Arzt mit leiser Stimme die Kurzfassung der Ereignisse, die zu ihrem Unfall geführt hatten. Er erwähnte seinen Besuch heute morgen am Landhaus und die gefundene Tabletten-Packung. Nuramitan, so der Name des Medikaments.

Sein Gegenüber zog die Augenbrauen hoch und machte ein besorgtes Gesicht. Jetzt erwähnte er seinen Verdacht. Auch dass der Verdacht auf seinen besten Freund falle.

Der Arzt wartete geduldig ab und hörte sich alles bis zum Ende an. Dann griff er erneut zum Hörer. „Sie haben Glück, die Polizei hat alles hiergelassen, da sie es als Verkehrsdelikt sieht. Wir müssen aber die Polizei einschalten. Nuramitan in Verbindung mit hochprozentigem Alkohol, und zwar in den Mengen, die Sie mir beschrieben haben, das hätte Ihren Tod bedeuten können. Sie haben Glück gehabt, junger Mann. Vorausgesetzt, Ihr Verdacht bestätigt sich und Sie waren es nicht!"

Dankbar blickte er dem Arzt in die Augen und bat um Aufschub. Ein Einschalten der Polizei hielt er erst für notwendig, wenn sein Verdacht sich bekräftigte.

Am Telefon gab der Mediziner jetzt gerade an, man möge ihm die Fallakte der Komapatientin bringen, nebst einem DNA-Abstrich-Test. Also würde man jetzt die gesicherte DNA mit seiner vergleichen. Das könne aber einige Tage, wenn nicht Wochen dauern, sagte der Arzt entschuldigend.

Aber das war egal, wichtig war, dass es passierte.

Der Arzt sicherte ihm zu, sich an die Schweigepflicht zu halten, und nahm eine Speichelprobe. Auch ein Biss-Abdruck wurde genommen, was ihm wieder Tränen in die Augen trieb.

Was musste sie gelitten haben ...

Aber nun war er sich fast sicher, dass er es nicht gewesen war, der ihr Gewalt angetan hatte. Aber fast genau so schlimm war es für ihn, dass er daneben gelegen und sie nicht beschützt hatte!

Er fühlte sich besser, weil er etwas tun konnte, er wurde sich immer sicherer, dass er sie nicht vergewaltigt hatte, auch wenn der Zweifel blieb und er sich fragte, ob das nicht nur sein Wunschdenken war?

Nachdem er das Klinikum verlassen hatte, fuhr er zu seinem Freund. Leider traf er bei ihm zu Hause nur seine Frau an. Sie war erstaunt über seinen Besuch und berichtete, dass sie seit Wochen getrennt lebten, ob er das nicht gewusst habe. Die Scheidung sei schon eingereicht. Sie wäre gerade dabei, noch Sachen von sich zu holen. Ob er nichts erzählt habe?

Er verneinte, er habe von all dem nichts gewusst, man habe sich vor ein paar Tagen gesprochen, aber da ging es um Geld.

Sie schaute ihn mit Tränen in den Augen an. Da er sie auch schon einige Jahre kannte, forderte er sie auf, zu erzählen, was passiert war.

Stockend berichtete sie, dass er wohl eine andere Frau kennen gelernt hätte, was er nur mit einem grimmigen Lächeln beantwortete. Am liebsten hätte er ihr geantwortet, ja, meine Noch-Frau und dein Mann vergnügen sich miteinander. Wer weiß wie lange schon hinter unserem Rücken?

Aber das war ihm nun völlig egal, schmälerte es doch sein schlechtes Gewissen, was er die letzten zwei Jahre seiner Familie gegenüber verspürt hatte. Das tat hier auch nichts zur Sache, das war nicht seine Baustelle. Das sollte sein Freund mal schön selbst klären.

Sie erzählte ihm auch, das sämtliche Kredite geplatzt wären und ihr Mann sich hoffnungslos finanziell übernommen habe. Das Haus würde verkauft werden und sie wäre eigentlich schon dabei, auszuziehen. Sie wisse nicht, wo er jetzt wohnen würde, und es sei ihr auch egal. Als sie mit ihrem Bericht geendet hatte, fragte sie, wie es ihm und seiner Frau denn so gehe.

Er sagte nur, es gäbe nichts Positives zu erzählen und er wolle sie nicht weiter belasten. Sie hatte genug eigene Sorgen, aber er fragte nach, ob sie wüsste was mit seinem Freund los sei in letzter Zeit. Er wäre aggressiv und reizbar ihm gegenüber, sie, als seine Frau müsse doch wissen, was da los sei. War die Trennung der Grund, kam er mit seinem Leben nicht mehr klar, weil er gerade seine Frau verloren hatte, seine Ehe gescheitert war? Oder gab es noch andere Gründe?

Sie zuckte nur mit den Achseln und sagte leise: „Er ist der Ansicht, du hast alles, er hat nichts. Ich habe ihn wohl schon vor langer Zeit verloren, ihm ging es nur noch um Geld! Geld, was er nicht hatte, aber anderen geneidet hat!“ Dabei musterte sie ihn von oben bis unten.

Okay, er dachte sich seinen Teil. Dass sein Freund neidisch war auf ihn, wusste er seit langem. Er selbst war der Besonnenere, was Geschäfte anbelangte. Immer wieder hatte er seinen Freund in den letzten Jahren gemahnt, vorsichtiger zu sein, aber er hatte nicht hören wollen. Nachdem er ihm oft genug finanziell geholfen hatte, die drohende Katastrophe abzuwenden, war er es jetzt leid gewesen. Er konnte nicht sein ganzes Geld in einen Menschen pumpen, nur weil man seit Kindheitstagen befreundet war.

Sie tat ihm leid, jetzt musste sie zusehen, wie sie klarkam mit zwei Kindern, von seinem ehemaligen besten Freund hatte sie nicht viel zu erwarten. Er hatte eigentlich nie Kinder gewollt.

Flüchtig nahm er sie in den Arm und bat sie, sich zu melden, wenn sie etwas bräuchte. Dann verabschiedete er sich, dass Gehörte hier musste er erst einmal verarbeiten.

Aber das Bild setzte sich langsam wie ein Puzzle zusammen, er wollte es noch immer nicht glauben, das konnte alles nicht sein.

Er wollte erst Beweise, so konnte er das alles nicht akzeptieren. Ausgebrannt und leer, so fühlte er sich momentan. Es war niemand da, der wirklich mal zuhören konnte und bei dem er seine Sorgen loswerden konnte. Aber, sagte er sich im Stillen, meine Zeit wird kommen.

Er würde schon noch Klarheit bekommen, egal, wie die aussehen mochte.

Gnade dir Gott, dachte er, wenn rauskommt, dass du so ein Drecksschwein bist! Dabei ballte er beide Hände zu Fäusten.

Jeden Tag fuhr er in die Klinik um ein bis zwei Stunden bei ihr zu sitzen und von seinem Tag zu erzählen. Der Arzt hatte ihm gesagt, dass viele Komapatienten etwas hören konnten. Darauf baute er. Sie konnte ihn bestimmt hören oder wenigstens fühlen, dass er da war.

Der Selbsthass hielt ihn jeden Tag lebendig. Er sollte in

diesem Bett liegen wie eine leere Hülle, nicht sie.

An schlafen war seit dem Tag im Landhaus nicht zu denken. Wenn er einmal einschlief, geisterte sie durch seine Träume. Es fühlte sich so real an im Traum, wieder bei ihr zu sein, dass sein Erwachen immer wieder ein Schock war.

Die Realität zu akzeptieren, fiel ihm jedes Mal schwer. Wenn er am Krankenbett auf ihre Angehörigen oder Freunde traf, streiften ihn mitleidige Blicke. Sorge war in ihren Augen zu sehen.

Laut allen Untersuchungen hätte sie schon wieder wach sein müssen. Deshalb meinte der behandelnde Arzt, dass es wohl ein Dauerzustand werden würde und sie den Rest ihres Lebens ein Pflegefall blieb.

Der Arzt starrte auf das Bett und sagte traurig: „Schade, eine Frau in der Mitte ihres Lebens und nur noch eine Hülle!“ Dabei legte der Mediziner ihm die Hand auf die Schulter und sagte leise: „Beten Sie und hoffen Sie, das erhält uns alle am Leben!“

Er wollte nicht aufgeben, wollte glauben.

Jeden Tag saß er an ihrem Bett streichelte ihre immer blasser werdende Haut, bewegte ihre Arme und Beine, wie der Physiotherapeut ihm gezeigt hatte. Die Muskeln sollten nicht verkümmern. Er kämmte ihre Haare, die langsam an der Narbe nachwuchsen, und erzählte von dem kleinen Haus am Meer, wo sie mal waren. Erzählte ihr, was er ihr alles zeigen wollte, wenn sie nur wieder gesund war. Er flehte sie an, wieder aufzuwachen, bei ihm zu sein.

Langsam wurde er müde und verzweifelt, aber noch konnte und wollte er nicht aufhören zu hoffen.

Und nach 18 Tagen wurden seine Gebete erhört.

Ein Anruf des Oberarztes, der ihm mitteilte, sie wäre wach, ansprechbar und momentan ohne erkennbare Hirnschädigungen. Er musste sich anlehnen, rutschte mit dem Rücken an der Wand herunter und saß auf dem Fliesenboden in seinem Hotelzimmer. Wie betäubt hielt er noch immer den Hörer in der Hand. Das, wofür er Tag für Tag gebetet hatte, war nun eingetreten. Das war es, was er gewollt hatte, die ganzen Tage hatte er gehofft und gebetet. Jetzt aber hatte er Angst.

Wollte sie ihn überhaupt sehen, er hatte nicht gefragt. Würde sie ihn jetzt anzeigen? Sollte er auf die Polizei warten? Sollte er hinfahren und mit ihr reden? Frage über Frage häufte sich in seinem Gehirn. Auf der einen Seite war er froh, dass sie zurück im Leben war und er sie nicht mit seinem Verhalten zum Pflegefall gemacht hatte, auf der anderen Seite war er unsicher, was ihn nun erwartete.

Vielleicht hasste sie ihn, aber alles war besser als das, was hinter ihm lag. So hätte er nicht lange weiterleben können.

Nachdem er geduscht, rasiert und umgezogen war, fuhr er los. Er war gestresst und fühlte sich allein.

Vor der Klinik saß er eine Stunde im Auto, er wartete, wusste selbst nicht, auf was.

Dann entschied er, zuerst ihre Freundin anzurufen. Nach dem dritten Klingeln ging sie dran.

„Gott war euch gnädig. Sie erinnert sich an nichts. Hat auch nicht nach weiteren Verletzungen gefragt. Der Arzt meinte, es wäre besser, jetzt noch nichts zu sagen. Man will abwarten, ob ihr Erinnerungsvermögen wieder einsetzt. Das ist eure Chance auf einen neuen Anfang.“

Er sah es anders, einen Anfang mit Lügen wollte er nicht.

Er bat die Freundin, die schwierige Aufgabe, über die Geschehnisse zu berichten, für ihn zu übernehmen. Ihr alles schonend beizubringen.

Ihre Antwort war kurz, ein klares „Nein!“. Auch auf sein Bitten, dass es für sie so leichter zu ertragen war, reagierte sie nicht wie gewünscht. Ganz klar sagte sie ihm, dass er ihr zwar Gewalt angetan habe, aber nicht absichtlich, und dass auch er endlich versuchen müsse, zu vergessen und sich selbst zu vergeben. Ihr seelisches Gleichgewicht sollte erst einmal wieder hergestellt werden, dafür bräuchte sie ihn. Alles andere konnte auf später verschoben werden, der Arzt und auch sie würden schweigen, um das Wohl der Patientin nicht zu gefährden.

Er legte auf und versuchte sich zu sammeln. Wie konnte er ihr gegenübertreten, sein schlechtes Gewissen würde ihn umbringen. Und wieder wurde ihm bewusst, wie sehr er sie brauchte. Er ahnte, dass dies die richtige Entscheidung für sie beide wäre, aber er wusste auch, das war nur ein Aufschieben der Lüge, mit der er leben musste. Aber noch hatte er Hoffnung und wartete auf die Ergebnisse der DNA-Analyse.

Ihm war noch immer nicht klar, wie alles ins Bild passte, sein Freund war wie vom Erdboden verschluckt. Seit fast zwei Wochen. Er hatte ihn gesucht, bei all ihren gemeinsamen Freunden und auch in seiner Firma. Niemand wusste etwas über seinen Verbleib. Er schien sich in Luft aufgelöst zu haben.

Zur Not musste er eine Detektei um Hilfe bitten, aber so weit war er noch nicht. Jetzt war sie wichtiger, er stieg in den Fahrstuhl und hing weiter seinen Gedanken nach. Wie lange konnte er so tun, als wenn alles in bester Ordnung wäre, wie lange konnte er es aushalten?

Er würde es schaffen, solange es sein musste. Für sie musste er es schaffen. Wenn sie nach Hause konnte, wäre er abgelenkt und würde sich ganz darauf konzentrieren, dass sie wieder gesund wurde.

In seiner Firma hatte er erst einmal Urlaub gemeldet, die mussten ohne ihn klarkommen. Es gab im Moment Wichtigeres, er musste erst einmal sein Leben ordnen und sehen, wie es weitergehen würde.

Kapitel 13

Zurück ins Leben

Beim Betreten der Station überkam ihn sofort wieder dieses beklemmende Gefühl, was er immer in Krankenhäusern hatte.

Hier lagen Leben und Tod so dicht aneinander, heute aber war ein guter Tag. Der Tag, an dem er das Geschenk seines Lebens erhielt. Seine Schuld war abgemildert worden. Sie war wieder zurück zu ihm gekommen. Er konnte ein wenig aufatmen, der Rest würde sich mit der Zeit zeigen.

Die Schwester, die ihm vor Wochen die tröstende Hand auf die Schulter gelegt hatte, strahlte ihn an. Jetzt würde alles wieder gut werden, sagte sie mit einem Lächeln zu ihm. Er erwiderte das Lächeln, wenn es ihm auch verlogen vorkam.

An der Zimmertür stoppte er und horchte. Es war ruhig und er hoffte, dass sie allein war. Ihm war schrecklich übel und er hatte kalten Schweiß auf der Stirn. Er wischte mit dem Ärmel über sein Gesicht und klopfte kurz an. Dann trat er ein.

Sie saß auf dem Bett und schaute aus dem Fenster. Draußen schien die Sonne und der Himmel war azurblau. Sie war dünner geworden und ihr Gesicht schmal. Hell die Haut, und die Hände fast knochig. Ihre blonden Locken waren hochgesteckt und die kahle Stelle an der Seite hatte sie mit einem Haarband versteckt. Er sah ihren schlanken Nacken, der Pullover schlabberte an ihr.

Leise räusperte er sich, da es schien, als wenn sie sein Eintreten nicht bemerkt habe.

Sie drehte sich um und ihre dunklen Augen strahlten vor Freude, als sie ihn sah. Vier große Schritte und er war bei ihr, setzte sich auf das Bett und zog sie auf seinen Schoß. Sie war so leicht geworden.

Er hielt sie und fing an zu weinen, schluchzte in ihr Haar und klammerte sich an sie.

Jetzt endlich nahm er ihr Gesicht in seine Hände und schaute in ihre Augen. Er küsste sanft ihre Stirn und dann brachen die Worte aus ihm raus. „Ich liebe dich, ich liebe dich so sehr!"

Dann küsste er sie so vorsichtig, als wenn er sie nicht zerbrechen wollte. Sie kuschelte sich in seine Arme und rieb ihr Gesicht an seinem Hals. Alles andere war unwichtig, nur das Jetzt zählte, dass er sie wieder in seinen Armen halten konnte. Hauptsache, sie war gesund und wieder bei ihm.

Wenn es ihr in ein paar Wochen besser gehen sollte, musste er ihr alles erzählen, ob er wollte oder nicht. Aber im Moment wollte er einfach nur das Glück genießen, sie wieder bei sich zu haben. Die Zeit seiner Einsamkeit und des Alleinseins war vorbei.

Der Arzt empfahl noch einige Untersuchungen und bat sie noch ein paar Tage zu bleiben. Aber dann könne sie wieder nach Hause und ihr gewohntes Leben nach und nach wieder aufnehmen. Sie sollte alles entspannt angehen lassen, empfahl er ihr. Freundlich sagte er, sie könne einen zweiten Geburtstag einbauen, dabei zwinkerte er ihm zu.

Er freute sich, dass sie wieder in ihre gewohnte Umgebung zurückkonnte, da würde es ihr am besten gehen. Ihre Erinnerungen waren tief verschüttet und er betete jeden Tag, dass es erst einmal so bleiben würde.

Retrograde Amnesie nannte man das im Fachjargon, er hatte sich informiert: Aufgrund der traumatischen Ereignisse schützt sich der Körper selbst, lässt Erinnerungen erst einmal verschwinden. Meistens kehrt die Erinnerung nach und nach zurück. In Bruchstücken findet nach und nach jede Geschichte meistens wieder zusammen. Nur sie wusste, was in jener Nacht wirklich vorgefallen war.

Der Arzt hatte ihm gesagt, da sie kein kriminaltechnisches Labor wären, dauerten die Tests etwas länger, aber innerhalb der nächsten zehn Tage könne er mit Ergebnissen rechnen. So lange würde es noch gehen, er musste sie nach Hause zurückbringen und wollte sie etwas verwöhnen. Er sehnte sich nach ihrer Haut und ihrem Körper.

Jetzt musste er nichts mehr verstecken, nun spazierten sie Arm in Arm durch den Klinikgarten und waren ein ganz normales Paar. Soweit das in seinen Augen möglich war.

Die Angst, sie zu verlieren, war für ihn allgegenwärtig, er vergaß es nie, wie wichtig sie für ihn geworden war.

Sie erinnerte sich gar nicht mehr an die folgenschwere Nacht, hatte ab dem zu Bett gehen alle Erinnerung verloren.

Sie hatte ihn gefragt, warum ihr Unfall allein gewesen sei, wo er gewesen wäre? Sie hatte auch gefragt, wie es seinem Freund gehe.

Er hatte sie angelogen, dass sie früher nach Hause fahren wollte und er auf den Vermieter gewartet hätte, um den Schlüssel noch abzugeben. Innerlich hatte er sich gehasst. Sie anzulügen war schwerer, als er geglaubt hatte.

Bei seinem Freund wäre alles bestens, bei sich dachte er, bis auf das er wie vom Erdboden verschluckt ist und meine Frau vögelt.

Mit dieser Last der Lüge auf seiner Seele würde er nicht lange leben können, hoffentlich auch nicht müssen.

Aber nun mussten sie erst ein mal nach vorne schauen. Das Leben musste für sie beide gemeinsam weitergehen.

Er wollte sie überraschen auch wenn ihm etwas unwohl war dabei. Die letzte Überraschung war völlig entgleist. Aber das hier war etwas anderes. Er hatte das kleine Ferienhaus am Meer für ein paar Tage angemietet, wo sie am Anfang ihrer Affäre ein rauschhaftes Wochenende verbracht hatten.

Sie wusste nicht, wohin er sie entführen würde, und er freute sich auf ihr Gesicht, wenn sie am Ziel eintrafen. Sie konnte jetzt Kraft, Mut und Erholung brauchen, das würde sie am Wasser finden. Sie war zurückhaltend und ruhig momentan, das machte ihm etwas Sorgen. Wo war ihr Lachen geblieben? Nun hoffte er, es würde zurückkehren, wenn sie ein wenig ausruhen konnte.

Er liebte sie so sehr, er wollte unbedingt, dass dieser Albtraum endlich ein Ende hatte.

Sie schlief fast die ganze Fahrt über und als sie ankamen, weckt er sie mit einem sanften Kuss. Sie war verschlafen aber beim Aussteigen erkannte sie den Ort. Ihr strahlendes Lächeln entlohnte ihn für die Anstrengung und die Qual der letzten Tage.

Es wurde Zeit für etwas Normalität in ihrer beider Leben.

Endlich konnte er mit ihr durch den Ort spazieren und Zeit mit ihr genießen, ohne zu grübeln oder nachzudenken. Wobei die Last auf seiner Seele schwer wog, aber wichtiger war es jetzt, mit ihr hier zu sein. Alle anderen Gedanken und auch die ihm noch bevorstehende Aussprache über die vergangenen Ereignisse schob er erst einmal beiseite. Es zählte nur das Hier und Jetzt.

Als sie nach dem Unfall in der Klinik wieder zu sich kam, war sie überfordert. Mit ihren Gefühlen und Gedanken, der ganzen Situation. Der Arzt erklärte ihr die Art ihrer Verletzungen und wie es dazu gekommen war.

Als ihre Erinnerungen ins Gespräch kamen, kramte sie tief in ihrem Gedächtnis.

Es war weg, was war ihr passiert? Warum war sie allein unterwegs gewesen? Wo war er?

Sie hatten doch ein wunderschönes Wochenende erlebt, endlich war sie sich sicher gewesen. dass er sie wollte, sie liebte, bei ihr war. Der Arzt erklärte ihr, dass es normal wäre, dass ihr die Erinnerung an die letzten Stunden vor dem Unfall fehlten. Das beruhigte sie, aber auch irgendwie wieder nicht.

Sie fühlte sich schwach, aber ihre Freundin war bei ihr, erzählte von den letzten 14 Tagen, berichtete, dass er jeden Tag hier gewesen war. Sie fühlte den Stich der Sehnsucht im Herzen, sie freute sich, ihn gleich zu sehen, sich in seine Arme zu schmiegen und ganz nah bei ihm zu sein. Unsicher auf den Beinen ging sie duschen, schaute sich im Spiegel ihr Gesicht an, sah ihre Verletzung, eine Narbe, seitlich der Stirn, dort fehlten Haare.

Sie blickte auf die Spuren diverser Blutergüsse an ihrem Oberkörper, aber woher sie stammten, fragte sie sich nicht. Sie schrieb alles dem Unfall zu. Selbst ihre leichten Unterleibsschmerzen tat sie als Unfallfolge ab. Kein Hauch der Erinnerung wollte in ihren Kopf kommen, so sehr sie sich auch mühte.

Der Arzt hatte in ihrem Gespräch angedeutet, dass sich die Erinnerungen von selbst wieder einstellen würden, wenn ihre Seele dazu bereit wäre. Ein Arzt der von ihrer Psyche als Seele sprach, das war schon seltsam.

Nachdem sie geduscht und angezogen war, fühlte sie sich ein wenig besser. Langsam ging sie zu ihrem Bett, setzte sich und schaute aus dem Fenster. Es war wunderschönes Wetter, die Sonne schien am strahlend blauen Himmel. Gedankenversunken starrte sie durch die Scheibe, bis sie ein Räuspern hinter sich hörte.

Sie drehte sich um, da stand er, groß, eindrucksvoll, der Mann, den sie liebte. An dem sie alles liebte, dem ihr Herz gehörte.

Er sah müde, traurig und besorgt aus. Seine Stirn hatte eine tiefe Falte mehr bekommen und das Blitzen seiner Augen, das sie so liebte, war verschwunden. Ihr Herz hüpfte und auf ihrem Gesicht breitete sich ein Lächeln aus. Mit vier Schritten war er bei ihr, nahm sie in die Arme und zog sie auf seinen Schoß. Das Herz klopfte ihr bis zum Hals, so wie es immer raste, wenn sie ihn sah. Sie hockte auf seinem Schoß und er klammerte sich an sie.

Er weinte ... Wie ein kleines Kind weinte er in ihren Armen. Seine Schluchzer schmerzten in ihrer Seele und sie streichelte beruhigend über sein Haar. Was musste er Sorge um sie gehabt haben, sie mochte es sich gar nicht ausmalen. Dass er weinen könnte, hätte sie nie gedacht.

Immer kühl, fokussiert und ruhig. Aber nun spürte sie, dass sich eine Last von seiner Seele löste. Langsam wurde er ruhiger, auch sein Atem wurde regelmäßiger.

Er schaute ihr in die Augen und sagte leise: „Ich liebe dich, ich liebe dich so sehr!“

Ein warmes Gefühl des Glücks strömte durch ihr Herz, er hatte es das erste Mal ausgesprochen. Die Worte aus seinem Mund zu hören, traf sie wie ein elektrischer Schlag. Das war es, wonach sie sich gesehnt hatte, was ihr Denken und Tun in den letzten Monaten beeinflusst hatte. Endlich ...

Er küsste sie, so sanft, so liebevoll, als sie seine Zunge spürte, kehrte das gewohnte Verlangen nach seinem Körper zurück. Sie wollte seine Haut spüren, seine Wärme und seine Hände. Nur er wusste, was sie glücklich macht.

Sie flüsterte in sein Ohr: „Ich liebe dich!"

Endlich konnte sie es aussprechen ohne sich zu fürchten, dass er es nicht hören wollte.

Sie wollte nur noch nach Hause und in ihr normales Leben zurückkehren, dass sie jetzt mit ihm gemeinsam gestalten wollte.

Nach drei Tagen und etlichen Untersuchungen durfte sie das Krankenhaus endlich verlassen.

Er holte sie ab und als sie in sein Auto stieg, berichtete er, dass er eine kleine Überraschung für sie habe. Sie fühlte sich müde und traurig, obwohl er bei ihr war und sie keinen Grund zur Traurigkeit hatte.

Sie schloss ihre Augenlider und versuchte zu entspannen. Die Fahrtgeräusche machten sie schläfrig. Nur nicht einschlafen, jede Minute mit ihm genießen, war ihr letzter Gedanke bevor sie einschlief.

Eigentlich wollte sie nicht schlafen, in der letzten Nacht hatte sie seltsame Träume gehabt. Das kleine Landhaus, da war sie im Traum gewesen und sein Freund hatte sie schmierig angelächelt, irgendwann war sie nach einem furchtbaren Traum-Wirrwarr aufgewacht. Schweißnass und zitternd. Endlich wieder in einem normalen Bett zu schlafen, mit ihm an ihrer Seite, das würde alles ändern, sie würde in seinen Armen keine schlechten Träume haben. Bestimmt konnte sie ruhiger und besser schlafen, wenn sie seine Haut fühlte und er sie hielt.

Sie hatte die ganze Fahrt durchgeschlafen. Er weckte sie mit einem sanften Kuss, sie lächelte, als sie seine Lippen fühlte, gähnte und streckte sich lang aus. Als sie die Augen aufschlug und ausstieg, fühlte sie sich schläfrig, aber auch erholt. Sie hörte die Brandung und roch das Salz des Meeres.

Der Wind zerzauste ihr Haar und sie erkannte das Ferienhaus, wo sie vor Monaten gewesen waren. Sie drehte sich um und strahlte ihn an.

Er war ein wunderbarer Mann, er hatte gespürt, was ihr jetzt guttun würde. Nach all den Monaten der Angst und Unsicherheit, dem Unfall, erinnerte er sie an das glückliche Wochenende, das sie gemeinsam hier verbracht hatten. Es bedeutet ihr viel, dass er so ein Gespür für ihre Gefühle hatte. Hier waren sie beide glücklich gewesen, wenn auch unsicher. Aber hier hatten sie ihre Gier den anderen zu spüren gestillt und es würde wieder so sein.

Das sah sie in seinem Blick, sie sah Liebe, aber auch Lust. Ihre Verbindung hatte sich geändert, zu der Lust hatte sich die Liebe gesellt und sie war gespannt, wie das alles verändern würde. Ihre Vorfreude auf ein paar schöne Tage mit ihm stieg ins unermessliche.

Nachdem sie einen ausgiebigen Strandspaziergang gemacht hatten, schlenderten sie Arm in Arm durch die Gassen des kleinen Fischerortes.

Sie fühlte sich seit langer Zeit gelöst und entspannt. Er machte auf sie den Eindruck, als wenn es ihm genauso ginge, wäre da nicht diese Sorgenfalte auf seiner Stirn. Was konnte ihm jetzt noch Kummer machen? Sollte sie ihn fragen?

Er machte nicht den Eindruck, als wenn er Lust auf Problemgespräche hätte, also unterließ sie die Fragen, die ihr auf der Zunge lagen. Sie würde schon noch die Gelegenheit bekommen, ihn zu fragen, was ihn bedrückte.

Es war der erste Tag ihres Überraschungsurlaubs und sie hatten noch so viele schöne Stunden vor sich. Hoffte sie ...

Sie konnte nicht ahnen, dass sich schon in 24 Stunden alles ändern würde ...

Im Pub gönnten sie sich ein Abendessen und ein gutes Glas Wein, anschließend bummelten sie an der Promenade entlang zum Ferienhaus zurück. Es war kühl und windig, sie freute sich auf schöne Stunden am Kamin mit ihm.

Im Haus angekommen machte er Feuer und sie ließ ein Bad einlaufen. Er saß im Kamin am Sessel, als sie eintrat. Spontan griff sie seine Hand und zog ihn ins Badezimmer. Der Schaum war schon über den Wannenrand hoch und sie drehte den Wasserhahn zu. Rasch entkleidete sie sich und hockte sich in das warme Wasser. Er tat es ihr gleich und stieg hinter ihr in die Badewanne.

Entspannt lehnte sie ihren Rücken an seine Brust und er begann, ihre Schultern mit den Händen einzuseifen. Sie schloss ihre Augen und seufzte leise. Es war schön seine Hände zu spüren und seine nackte Haut an ihrer. Sie fühlte seine Erregung an ihrem Arsch, sein Schwanz war hart und sie dachte an früher.

Er küsste ihren Hals und flüsterte in ihr Ohr: „Wie damals!“

Als seine glitschigen Hände um ihre Brüste fassten und er an ihren Nippeln spielte, seufzte sie: „Nicht ganz, aber so ist es besser!“

Sein Mund fühlte sich so weich in ihrem Nacken an und sie verspürte die Gier, ihn in sich zu fühlen, aber hier war es glitschig und heiß und viel zu rutschig und eng. Sie flutsche einmal herum und kniete zwischen seinen Beinen.

Er hatte ihre Brüste vor seinem Gesicht und begann sie hingebungsvoll einzuseifen. Ihr Kopf lag im Nacken und sie wollte einfach nur seine glitschigen Hände auf ihrem Körper genießen.

Als er mit einer Hand in ihren Schritt fasste, keuchte sie erschrocken auf. Er machte sie noch genauso geil wie vor gut 20 Jahren, die Lust auf ihn hatte sich nicht geändert.

Hier in der Badewanne überall auf sich seine Hände zu fühlen, das, was sie sich so lange erträumt hatte, war in Erfüllung gegangen.

Sie schloss ihre Augen und fühlte nur noch seine Hand in ihrer heißen Mitte und seinen Mund an ihren Brüsten.

Ein Bad, was niemals enden sollte. Er schaffte es noch immer, sie komplett aus der Fassung zu bringen, es kam ihr vor, als wenn es nur sie beide auf dieser Welt gäbe.

Sie stieg aus der Wanne und nahm ein Handtuch vom Regal.

Er folgte ihr, sie nahm das Handtuch und fing an, ihn abzutrocknen. Auf den Knien rubbelte sie seine Beine trocken, dann nahm sie langsam seinen Schwanz zwischen ihre Lippen und rutschte mit ihrem Mund Richtung Schaft.

Er stöhnte auf und umfasste mit seinen Händen ihren

Kopf, griff in ihre Haare und bewegte sanft ihren Mund auf seinem Schwanz.

Dann zog er sie ruckartig hoch und zerrte sie ins Schlafzimmer.

Auf dem Bett begann er sie zu küssen, spielte mit seiner Zunge und rutschte immer tiefer, über ihre Brüste und ihren Bauch.

Sie zog ihn hoch und schaute in seine Augen, dann schob sie ihm ihr Becken entgegen. Tief in sich wollte sie ihn spüren und dabei in seine schönen Augen blicken, die sie so sehr liebte. Es war so lange her, sie erinnerte sich gar nicht mehr richtig an ihren letzten Fick mit ihm.

Sein Schwanz fand den Weg von allein in ihre nasse Mitte. Er bewegte sich langsam, beherrscht und stöhnte ihren Namen. Sie schlang ihre Arme um seinen Hals und schloss die Augen. Seine Bewegungen wurden fordernder, schneller und er biss spielerisch in ihre Schulter ...

Wie ein Blitz zuckte es in ihrem Kopf, und für eine Sekunde sah sie seinen Freund, das dreckige Grinsen, er hielt ihr den Mund zu, und sie fühlte Schmerz, überall ... Es war nur der Bruchteil einer Sekunde, wie ein Schlag in ihr Gesicht. Sie riss ihre Augen auf und erstarrte. Was war das? Was passierte hier?

Er spürte ihre Starre und hielt inne, schaute in ihre Augen...

„Nur ein Krampf, mach weiter“, flüsterte sie.

Gott, was war das gewesen? Sie war nicht mehr bei der Sache, er spürte, dass etwas nicht stimmte.

Hatte sie sich an etwas erinnert? Der Arzt hatte ihm zum Abschied gesagt, dass sogenannte Flashbacks möglich wären. Ein kurzes Aufblitzen von Erinnerungen, nur für den

Bruchteil einer Sekunde. Fing es schon an, dass sie sich erinnerte?

„Ich liebe dich“, sagte er leise, schob sich von ihr runter und nahm sie seitlich in seine Arme. Er hielt sie so fest er konnte, er wollte ihr nicht weh tun. Zärtlich küsste er ihren Nacken und sagte leise: „Lass uns schlafen, wir haben noch genug Zeit zum vögeln.“

Nach zehn Minuten hörte sie seine ruhigen Atemzüge, seine Arme um sie lockerten sich etwas. Er war eingeschlafen.

Sie lag wach und schaute in das flackernde Licht des Feuers im Kamin. Ihr kam ein anderes Feuer in Erinnerung, vor gut drei Wochen im Landhaus, ein anderes Schlafzimmer ... Ihre Augen fielen zu, sie war müde, so müde ... Im Traum war sie in einem anderen Schlafzimmer, vor gut drei Wochen.

Sie sah die Gesichtszüge seines Freundes über sich, ein hämisches Lachen in seinem Gesicht, fühlte die Hand, die ihre Kehle umschloss und die andere, die ihren Mund zuhielt ...

Sie schmeckte Blut. Hörte die geflüsterten Worte ...

„Macht es dir Spaß, du Schlampe, wir teilen alles, auch die Frauen!“

Sie riss die Augen auf, Panik in jedem Muskel ihres Körpers, die Nerven zum Zerreißen gespannt. Schreiend schreckte sie hoch, ihr ganzer Körper zitterte, ihr Herz raste. Als er nach ihr griff, schlug sie um sich ...

Sie fühlte die Angst, schnappte nach Luft, sie konnte nicht atmen, sie musste raus. Atmen ... Luft holen, sie würde ersticken ... Tränen liefen aus ihren Augen ...

Er schlang beide Arme um sie, hielt sie fest.

„Schau mich an, sieh mich an, ich bin es, du bist sicher." Er schüttelte sie leicht bei diesen Worten. Sie sah das Entsetzen in seinen Augen, er wusste nicht, was los war.

Verschreckt blickte sie um sich, verstand, dass sie in Sicherheit war, in seinen Armen. Ihr konnte nichts passieren.

Die nackte Angst steckte in ihrem ganzen Körper, ihre Nackenhaare hatten sich aufgestellt und sie spürte die Panik mit jeder Faser ihres Seins. Sie lag in seinen Armen und atmete hörbar, ihre Gefühle waren fast greifbar im Raum. Er hielt sie eng umschlungen, versuchte, ihren zitternden Körper zu beruhigen und küsste immer wieder ihren Nacken.

„Was hast du geträumt, sag es mir", sagte er leise an ihrem Ohr.

„Ich weiß es nicht mehr, ich erinnere mich nicht, ich konnte es nicht festhalten!" Sie weinte und schluchzte und ihre Schultern zitterten.

Er braucht fast eine halbe Stunde, um sie zu beruhigen.

Sie war so froh, dass er sie hielt, in ihrem Kopf pochte immer wieder die Frage: Was war das, was hatte sie geträumt, was hatte sie dermaßen in Panik versetzt? Wovor hatte sie so entsetzliche Angst?

Er hielt sie noch immer fest umschlungen, als sie in einen erschöpften Tiefschlaf fiel.

Der Morgen nach dem Albtraum. Er war vor ihr aufgestanden und hatte Kaffee gekocht. Sie lag zusammengerollt wie ein Igel in Bett und er hatte ihr die Haare aus der Stirn gestrichen. Sie fühlte sich heiß an, als wenn sie Fieber hätte. Er erinnerte sich an ihre Panik, die nackte Angst in ihren Augen, wie sich um sich geschlagen hatte heute Nacht.

Über eine halbe Stunde hatte er gebraucht, um sie einigermaßen zu beruhigen, bis sie wieder eingeschlafen war.

Er würde sie erst einmal schlafen lassen.

Sie hatten nach ihrer Ankunft einen schönen Nachmittag und Abend gehabt. Als sie in der Badewanne gewesen waren, fühlte er sich wie früher, vor 20 Jahren.

Nur besser diesmal, er konnte sie anfassen und fühlen. Konnte ihr sagen, was er empfand, musste nichts verheimlichen. Das Geheimnis, was ihn bedrückte, musste er noch für sich behalten. Er liebte sie, wollte sie nicht verletzen. Auch wusste er nicht, wie ihre Reaktion auf die Geschehnisse sein würde.

Gestern Abend im Bett hatte er das Gefühl gehabt sie erinnere sich einen Moment. Er hatte solche Lust gehabt, sie zu vögeln, und fast hätte er sich vergessen, aber er hatte gemerkt, wie sie sich verkrampfte.

Da waren auch seine Erinnerungen wieder hochgekommen und seine Schuldgefühle. Alles hatte sich bei ihm wieder eingeblendet und ihm war die Lust vergangen.

Später, als er eingeschlafen war, war sie schreiend aus dem Schlaf hochgeschreckt. Er war sich sicher, dass sie sich im Schlaf erinnerte. Nur sie konnte wissen, was wirklich passiert war in jener Nacht.

Sie hatte etwas erlebt, was er ihr gerne abgenommen hätte. Auch ihre Erinnerungen und Albträume hätte er ihr gerne genommen. Es machte ihn völlig fertig, dass er sich nicht wirklich vorstellen konnte, dass ihm so die Sicherungen durchgebrannt waren.

Aber er konnte sich auch nicht vorstellen, dass sein Freund so durchdrehen würde. Ja, er war schon seltsam geworden in letzter Zeit, aber das hatte er den finanziellen

Nöten zugeschrieben, in denen sein Freund steckte. Dass er seine Noch-Ehefrau fickte, war schon extrem, aber ihm eigentlich egal. Wer weiß, wann seine Frau sich ihm zugewandt hatte oder umgekehrt. Sein Freund war nie ein guter Ehemann gewesen, auch nicht, als er jung verheiratet war. Aber eigentlich hatten sie immer so etwas wie einen Ehrenkodex gehabt in ihrer Freundschaft, und der war: Ehrlichkeit ... Und dazu gehörte ja eigentlich auch, nicht die Frau des anderen zu ficken.

Wo er wohl steckte? Er hatte noch mal mit der Frau seines Freundes telefoniert, noch immer war er unauffindbar. Grimmig bemerkte er für sich, vielleicht sollte er mal seine eigene perfekte Ehefrau fragen.

Was eine verdrehte Welt, dachte er. Er hing seinen Gedanken nach und bemerkte nicht, dass sie verschlafen in der Tür stand. Sie schaute ihm bei seinem geschäftigen Treiben in der Küche zu und schmunzelte, er wirkte abwesend.

Er hatte Kaffee gekocht und den Frühstückstisch gedeckt. Als sie hinter ihn trat und ihre Arme um seinen Bauch schlang, zuckte er zusammen. Er drehte sich um, schnappte sie mit einem Griff und setzte sie vor sich auf die Küchenarbeitsplatte. Sie trug sein Shirt, das am Bett gelegen hatte. Dann legte er seine Arme um sie und schaute in ihre dunklen Augen.

Sie sah zerzaust und verschlafen aus und sein Herz quoll über vor Liebe zu dieser wunderschönen Frau, die jetzt zu ihm gehörte ...

„Was war da heute Nacht los, Süße?!“ Streng blickte er sie an und kehrte seine autoritäre Seite raus.

Ihr Blick sank nach unten und sie zuckte mit den Schultern, nuschelte etwas vor sich hin.

Er hob ihr Kinn und sah sie an.

Sie versuchte seinem Blick auszuweichen.

„Ich weiß es nicht, ich erinnere mich nicht richtig, ich kann es nicht erklären. Es ist mehr so ein Gefühl, nichts, was ich richtig sehen kann!“

Verzweifelt schaute sie ihn an. „Ich glaube, es hat was mit dem Unfall zu tun!“

Er nickte und nahm sie in den Arm, dann suchte er ihren süßen Mund mit seinen Lippen und küsste sie leidenschaftlich. Sie zog ihm das Shirt über den Kopf und klammerte ihre Beine um seine Hüften.

Er schob seine Hose runter, mit einem Ruck zog er sie auf seinen Schwanz. Das Gefühl, das sie bei ihm erzeugte, wenn er sie vögelte, war eine der intensivsten Erfahrungen in seinem Leben. Er konnte nie genug davon bekommen, es war wie eine Sucht. In diesem Moment vertrieb es alle Sorgen und Geschehnisse aus seinem Kopf.

Sie hatte sich nach hinten in seine Armen gelehnt und stöhnte immer wieder seinen Namen. Sie machte ihn völlig verrückt und er war sich sicher wie nie zuvor, er hatte ihr das nicht angetan, hätte es nie gekonnt.

Die Nähe, die sie nun miteinander teilten, heizte seine Gefühle noch mehr auf. Hier, in der Küche, sie auf der Arbeitsplatte am frühen Morgen zu vögeln, so hatte er es sich schon immer mit ihr vorgestellt.

Er spürte, dass sie gleich so weit war, er merkte es immer an ihren Bewegungen, ihrer Atmung und an der Art, wie sie seinen Namen stöhnte.

Endlich ließ er sich gehen und verdrängte alle anderen Gefühle ...

Er kam in ihr, während sie sich an ihn klammerte und seinen Namen rief.

Während sie duschen ging, machte er Frühstück. Er freute sich, den Tag mit ihr und einem Frühstück zu beginnen. Und mit einem Quickie mit ihr, dachte er lächelnd.

Er summte gut gelaunt vor sich hin, während er den Tisch deckte. Früher war es eine der unwichtigsten Mahlzeiten des Tages gewesen. Heute freute er sich, mit ihr gemeinsam am Tisch zu sitzen und den Tag zu zweit zu begrüßen.

Sie alberten beim Essen und lachten über Kleinigkeiten.

Da war ihr Lachen, das er so vermisst hatte. Sie war gelöst und ihre Augen glänzten, die blassen Wangen hatten Farbe bekommen.

Es würde ein guter Tag werden, dachte er, in dem Moment, als sein Telefon piepte. Er sah auf die Nummer, es war das Klinikum.

Sie schaute ihn fragend an.

Er murmelte etwas von Arbeit und Firma und nahm das Gespräch entgegen, während er nach draußen ging.

Es war der Arzt, dem er den Auftrag zur DNA-Analyse erteilt hatte.

Er sog scharf die kalte Morgenluft ein, hörte die Stimme des Arztes, ruhig und klar. Er sprach beruhigend auf ihn ein.

„Sie hatten recht, es sind nicht Ihre Spermaspuren und auch nicht Ihr Zahnabdruck! Ich reiche die Ergebnisse an die Polizei weiter. Bitte machen Sie keine Dummheiten, denken Sie an die Frau, die sie liebt und sie braucht, um das alles zu verarbeiten!“

Ihm war schlecht geworden, er hatte das Gefühl, das Frühstück kam ihm hoch. Er verabschiedete sich mit dem

Versprechen wohlüberlegt zu handeln.

Als er aufgelegt hatte, lehnte er sich an die Mauer, er brauchte eine Minute, um zu sich zu finden. Der blanke Hass flammte in ihm hoch, gemischt mit unbändigem Zorn. Er würde ihn totschlagen, das war nicht mehr sein Freund.

Er ballte seine Hände zu Fäusten und ein einziger Gedanke wütete in seinem Kopf der alles andere verzehrte: Ich schlag dich tot, du Schwein! Hatte er nicht an dem Abend im Landhaus die unterdrückte Wut gefühlt? Den Hass seines Freundes zu spüren bekommen?

„Das wirst du noch bereuen!"

Er hörte wieder die Worte.

Du mieses Drecksschwein, ich werde dich umbringen, wenn es das letzte ist, was ich tue. Ich finde dich, egal, wo du dich versteckst. Seine Wut schäumte fast über, er musste sich beherrschen. Sie durfte nichts merken. Er musste an sie denken.

In der Küche las sie Zeitung. Als sie zu ihm hochblickte, stiegen ihm Tränen in die Augen. Dieses Vertrauen in ihren Augen und er hatte dieses abartige Schwein in ihr Leben geholt, hatte ihn hereingelassen. In ihrer beider Leben, wie hätte er ahnen können was sein ehemals bester Freund geplant hatte? Wann war ihre Freundschaft so in Hass umgeschlagen, dass dieses Schwein noch nicht einmal zurückschreckte, ihn zu vergiften? Jetzt war er sich sicher, dass er ihn vergiftet hatte, er würde es beweisen können, da er noch die Verpackung in seinem Wagen hatte.

War es Neid gewesen oder Eifersucht? Worauf?

„Ich muss bis morgen früh in die Firma. Soll ich deine Freundin anrufen, dass sie dir Gesellschaft leistet?"

Sie lehnte lachend ab, freute sich auf einen Einkaufsbummel und wollte ins Meerwasserwellenbad. Sie wäre ein großes Mädchen.

„Es ist nur eine Nacht, du wirst mir fehlen!“, sagte sie.

Er packte eine Tasche, zog sich um und küsste sie zum Abschied mit einer solchen Heftigkeit, dass sie erschrak.

„Ich liebe dich, vergiss das nie!“

Er stieg in den Wagen, ließ den Motor an und fuhr los.

Kapitel 14

Die Erinnerung

Sie sah seinem Wagen hinterher.

Er war seltsam nach dem Telefonat gewesen, wirkte verstimmt, seine Augen hatten hart ausgesehen. Er hatte seine Sporttasche mit ein paar Sachen vollgestopft und hatte es eilig gehabt. Stress in der Arbeitswelt, dachte sie seufzend. Sie würde das bald auch wieder haben, aber daran mochte sie jetzt noch nicht denken.

Als er sich verabschiedet hatte, waren seine blauen Augen weich gewesen, er hatte sie so leidenschaftlich geküsst, als wäre es das letzte Mal. Ihre Lippen brannten noch von seinem Kuss.

Fröstelnd ging sie ins Haus zurück und schürte das Feuer im Kamin. Sie würde heute im Wohnzimmer schlafen, auf dem Sofa. Eigentlich wollte sie gar nicht schlafen, lieber wach bleiben und den Träumen entfliehen.

Warum träumte sie immer wieder von seinem schmierigen Freund? Und warum konnte sie die Erinnerung nicht festhalten? Und immer Albträume, sie kannte ihn doch nur fünf Minuten. Hatte ihn nur einmal kurz gesehen, aber er hatte etwas Widerliches an sich gehabt, wie er sie gemustert hatte. So viel unterdrückte Wut hatte sie bei ihm erkannt. Irgendwie war er ihr nicht geheuer vorgekommen.

Sie sah ihn auch nie konkret im Traum, sie hatte immer nur das Gefühl, er wäre es, konnte den Traum aber nicht realisieren.

Aber etwas verschreckte sie zutiefst, was diesen Mann betraf, den er ihr als seinen besten Freund aus Kindheitstagen vorgestellt hatte. Was verband die beiden unterschiedlichen Männer, der eine autoritär und gefasst, der andere so voller Zorn und Wut? Man sagte ja, Gegensätze ziehen sich an, aber sie verstand es nicht. Aber musste sie ja auch nicht, er gehörte nicht zu ihrem Leben. Er gehörte in sein Leben und sie musste ihn einfach nur akzeptieren, nicht mögen.

Ein Gefühl sagte ihr, dass sie eh die Freundschaft beendet hatten nach den Diskussionen, die sie vor drei Wochen so voller Zorn geführt hatten.

Sie ahnte nicht, wie sehr sich dieser Mann noch in ihr negatives Gefühlsleben drängen würde ...

Sie verließ das Haus zu einem ausgedehnten Strandlauf, joggen gab ihr ein gutes Gefühl und sich am Wasser auszupowern gefiel ihr. Am Wellensaum entlang zu laufen vermittelte ihr ein Gefühl der Vergänglichkeit.

Alles im Leben war vergänglich, Liebe, Glück, Leben, Lust ... Aber auch Kummer und Sorgen, alles würde vergehen ...

Sie lief, bis sie dachte, ihre Lungen explodierten

Als sie nach oben schaute, sah sie, dass der Himmel sich langsam zuzog, hinten war es schon fast schwarz am Horizont. Mittlerweile war es später Nachmittag.

Langsam und entspannt machte sie sich auf den Heimweg.

Als sie die Tür aufschloss hörte sie im Hintergrund schon Donnergrollen. Sie schaute auf den Horizont und sah die tanzenden Blitze in der Ferne, na das würde ja was werden, und sie war allein. Zum Glück hatte sie keine Angst bei Gewitter. Ein Sturm zog auf, der es in sich hatte ...

Schnell machte sie die Tür zu. Es war heimelig warm im

Haus, durch das Feuer, was sie vor ihrem Weggang geschürt hatte.

Erstmal auf ihr Telefon schauen, hatte er geschrieben?

Alles gut bei dir? Ich liebe dich, du fehlst mir!

Okay, sie ging davon aus, dass er heil angekommen war, sonst hätte er nicht geschrieben.

Ihre Antwort war ähnlich: *Du fehlst mir auch, ich liebe dich mehr, hier zieht ein Unwetter auf!*

Falls er sie später nicht erreichen konnte, wusste er dann wenigstens, was los war.

Hier war der Empfang schlecht und sie wusste nicht, wie es bei einem Sturmtief wäre. Sie machte die Rollladen halb zu, da der Wind an den Fenstern rüttelte. Der Sturm kam jetzt in Fahrt, sie konnte es fühlen.

Nach einer Dusche machte sie das Radio an und kuschelte sich gemütlich mit einem Buch auf das Sofa.

Mittlerweile heulte der Wind um das kleine Haus und rüttelte an allem, was nicht richtig befestigt war.

Sie war nicht ängstlich, aber jetzt spürte sie, dass sie sich beim Joggen ausgepowert hatte.

Sie wollte eigentlich nicht schlafen. Das Buch glitt aus ihrer Hand, sie war eingeschlafen.

Wieder schreckte sie zitternd aus dem Schlaf hoch. Diesmal konnte sie den Traum festhalten. Sie starrte in die Flammen, als die Erinnerung zurückkehrte. Jede Einzelheit der Geschehnisse dieses verhängnisvollen Abends holte sie sich in ihr Gedächtnis zurück. Stück für Stück kehrte alles zurück.

Sie hatten gestritten, der letzte Satz seines Freundes war laut und deutlich haften geblieben.

„Das wirst du noch bereuen!“

Was war dann passiert? Stück für Stück setzte sie in ihren Gedanken das grauenhafte Puzzle zusammen.

Die eigentliche Vergewaltigung hatte sie nur bruchstückhaft in Erinnerung, da ihr immer wieder schwarz vor Augen geworden war. Sie durchlebte noch einmal die Angst und Panik, den Schmerz und die Qual. Sie weinte zusammengekrümmt auf dem Boden, versuchte alles auszublenden, aber einmal zurückgekehrt, ließen sich die Erinnerungen nicht mehr vergraben.

Wut, Scham, Hass und unbändiger Zorn flammten in ihr hoch. Als ihre Gedanken zurück zu dieser verhängnisvollen Nacht zurückglitten, spürte sie plötzlich einen Stich in der Magengrube.

Der Schreck in seinen Augen, als er aufgewacht war, auch daran dachte sie nun zurück. Sie gefesselt neben sich zu sehen, wie von einem wilden Tier zugerichtet. Hass und Wut bahnten sich ihren Weg, Hass auf ihn. Er hatte wie tot neben ihr gelegen, zu betrunken, um wieder wach zu werden. Wie konnte er mit so einem Schwein befreundet sein?

Wieder hatte sie die kalten Augen und das schmierige Lachen seines Freundes vor sich. Hörte, wie er sie beschimpfte, und er hatte noch was gesagt ...

„Wir teilen alles, auch die Frauen!“

Was hatte dieses eklige Schwein damit gemeint?

Niemals, das hätte er niemals zugelassen, wenn er bei Sinnen gewesen wäre. Er liebte sie, da war sie sich sicher.

So sehr es schmerzte, musste sie weiter alles zusammensetzen, um Klarheit zu bekommen.

Sein Blick beim Aufwachen ging ihr nicht aus dem Sinn! Hatte er etwa gedacht, dass er ihr das angetan hatte?

Oh Gott, sie überlegte fieberhaft ... Was musste er empfunden haben, als sie Hals über Kopf das Haus verlassen hatte ...

Dann ihr Unfall und fast drei Wochen Ungewissheit. Anschließend ihr Aufwachen und die Erkenntnis seinerseits, dass sie nichts mehr wusste. Hatte er sich erleichtert gefühlt? Hatte er jemals vorgehabt, ihr davon zu erzählen, oder hätte er es mit ins Grab genommen, wenn ihr Erinnerungsvermögen verschüttet geblieben wäre?

So viele Fragen, warum hatte er nichts gesagt? Sie hatte die Sorge in seinem Gesicht gelesen. Sie hatte ihm angesehen, dass irgendetwas nicht stimmte. Die Erkenntnis, dass er sich hassen musste, da er sich für schuldig hielt, traf sie wie ein Schlag in den Bauch.

Er hatte geweint wie ein Kind. Seit sie zurück war, hatte er kaum gelacht. Ruhig und nachdenklich, teilweise dumpf brütend hatte sie ihn empfunden. Viel seinen Gedanken nachhängend und immer kummervoll.

Jetzt verstand sie ...

Sein Gewissen, die Gefühle ihr gegenüber mussten ihn fast seinen Verstand gekostet haben ...

Sie hörte das Jaulen des Sturms, ein halber Orkan wütete draußen, in ihrem Inneren fühlte es sich genauso an. Diesmal weinte sie sich in einen erschöpften Schlaf und die Träume blieben aus.

Als sie abermals aus dem Schlaf gerissen wurde, war es ein dumpfer Knall, der sie hochschrecken ließ. Sie stand auf und ging ans Fenster, starrte in die Dunkelheit. Der kleine Baum hinterm Haus war entwurzelt und in das Gartenhaus gefallen. Die Wolken rasten über den Himmel, es goss in Strömen und der Wind riss alles mit sich, was keinen Halt hatte.

Durch den Knall wurde es ihr ruckartig gewahr: Er wusste noch gar nicht das er sie nicht vergewaltigt hatte, er wusste noch gar nicht, dass sein Freund zurückgekehrt war in dieser Nacht ...

Sie griff nach ihrem Telefon obwohl es nach 2 Uhr war. Der Sturm tobte noch immer an der Küste entlang, ihr Anruf und auch eine Nachricht gingen nicht durch.

Im Wohnzimmer auf und ab gehend überlegte sie weiter, der Anruf heute morgen, er war seltsam hart danach gewesen. Sie hatte seine Wut gespürt, tief in ihrem Inneren. Hatte er eine Ahnung, hatte er etwas erfahren? Er hatte ihr gesagt, seinem Freund gehe es gut ...

Nein, wie sollte er etwas ahnen, aber es gab ja Möglichkeiten, Spuren zu sichern.

Warum hatte sie nicht ihren eigenen Unfallbericht gelesen? Sie hatte es nicht interessant gefunden und wollte einfach nur alles vergessen und gesund werden. Aber er hatte den Unfallbericht vom Arzt zum Abschied entgegengenommen und in die große Reisetasche geschoben.

Sie rannte ins Schlafzimmer und riss die Schranktür auf, da stand seine Tasche. Er hatte nur eine Sporttasche mitgenommen, die Reisetasche war ihm für die paar Teile zu groß gewesen. Sie zog die Mappe mit dem Bericht heraus und setzte sich auf das Bett. Verteilte die Bilder um sich herum, er hatte sie wirklich zugerichtet wie ein Tier. Jetzt sah sie die Bisswunden frisch.

Mein Gott, der Mann, der sie liebte, hatte das auch gesehen. Wenn er etwas ahnen würde, nicht auszudenken, sein Zorn würde keine Grenze kennen ... Nein, er konnte es nicht wissen, er hatte wie tot neben ihr gelegen. Er konnte es nicht wissen.

Abermals versuchte sie ihn zu erreichen ... Vergebens ...

Die Bilder, die sie sah, ließen sie nicht mehr los. Bilder von ihrem völlig geschundenen Körper. Überall getrocknetes Blut und Blutergüsse. Sie hatte nur noch die Reste davon wahrgenommen, hatte das alles als Prellungen vom Unfall abgetan. Er hatte das alles gesehen, hatte mit der Schuld gelebt, er habe ihr das angetan. Sie mochte sich das Ausmaß seiner Verzweiflung nicht vorstellen.

Ihr Herz schmerzte, wenn sie daran dachte, dass sein bester Freund ihm das angetan hatte und vor allen Dingen ihr angetan hatte. Sie hasste diesen Mann, aber sie würde warten, um erst mal abzuwägen und mit ihm gemeinsam entscheiden, was zu tun wäre. Dann mussten sie beide zur Polizei, um dieses Schwein dingfest zu machen. Er musste weggesperrt werden, er war gefährlich.

Wie gefährlich er war, ahnte sie zu diesem Zeitpunkt nicht ...

Als sie beim Unfallbericht des Notarztes angelangt war, las sie, dass die Spuren gesichert worden waren. Hatte die Polizei sich gar nicht dafür interessiert? Nein, für die Polizei war der Fall klar gewesen. Aber für ihn auch? Hatte er überlegt, sich die Tat vielleicht selbst nicht zugetraut? Hatte er selbst nachgeforscht und seine eigenen Überlegungen angestellt? War er zu der Wahrheit gelangt ohne ihre Erinnerungen? Nicht auszudenken, was dann passieren würde. Er wird durchdrehen, dachte sie.

Die Sorge um ihn, dass er eine Dummheit begehen würde und sie beide nie wieder glücklich sein konnten, ließ sie erneut zum Telefon greifen.

Bitte, bitte nimm ab ...

Kapitel 15

Rache und Zorn

Er fuhr auf die Autobahn auf und gab Gas.

Die sechs Zylinder seines 580 PS starken Porsches beschleunigten rasend. Die Landschaft flog an ihm vorbei. Er zog auf die linke Spur und trat das Pedal durch. Die Autobahn war wie leer gefegt, da die Ausläufer des Sturmtiefs schon unterwegs waren und die Menschen an der Küste lieber zu Hause blieben, wenn solch ein Unwetter im Anmarsch war.

Wut verzog seine Gesichtszüge, er musste seine Gefühlsregungen hier nicht unter Kontrolle halten, er war allein. Solchen Hass wie hier in diesem Moment hatte er in seinem Leben noch nie gespürt. Hass und Ekel, vor seinem ehemals besten Freund.

Er würde ihn töten, er würde ihn mit seinen eigenen Händen totschlagen. Seine Wut würde sich nicht zügeln lassen, sein Zorn kannte keine Grenze. Er wollte Blut sehen, das Blut dieses widerlichen Dreckschweins.

Hatte dieses Schwein eiskalt geplant, ihn umzubringen? Um sich dann an seiner Freundin zu vergehen?

Das war wohl der pure Zufall gewesen, aber er musste geplant haben, zurückzukommen. Was hatte er vorgehabt, ursprünglich? Die Tat war wohl erst in seinem Hirn gereift, als er sie gefesselt im Bett hatte liegen sehen. Nie wieder würde er im Bett Fesseln benutzen, eigentlich machte es ihm Spaß, wenn er eine Frau so bis zur Weißglut reizen konnte, aber das war ihm gründlich vergangen.

Er hing seinen Gedanken nach und stellte sich auf einen

Kampf ein, den nur einer gewinnen würde ... Und das wäre er selbst ...

Nach der Hälfte der Strecke rief er seinen Anwalt an und teilte ihm das Ergebnis der DNA-Untersuchung mit. Am anderen Ende der Leitung herrschte Stille als er geendet hatte.

„Bau keinen Mist, aus der Nummer kommst du nicht mehr raus, lass die Polizei das erledigen!“

Als er aufgelegt hatte dachte er wütend: Damit sie noch mal durch die Hölle muss, alles auszusagen vor Gericht! Alles nochmal durchleben ... Sie würde daran zerbrechen... Und er würde sich das nicht antun, seinen Jugendfreund mit schmierigem Grinsen auf der Anklagebank zu sehen, den besten Strafverteidiger, den er finden konnte, an seiner Seite. Danke, nein, er würde das klären. Ein für alle mal.

Wenn er das dreckige Schwein in seine Finger bekommen würde, wäre es eh aus mit ihm. Und wenn es das letzte sein würde, was er tat. Er würde ihm jeden Knochen einzeln brechen.

Trotz des schlechten Wetters und der schlechten Sicht prügelte er seinen Wagen über die Autobahn, die maßlose Wut, die er verspürte, ließ ihn jede Gefahr vergessen.

Als er am Haus seines Freundes ankam, war alles dunkel und still. Keine Autos vor der Tür, kein Lebenszeichen. Auch hier war das Wetter stürmisch und nass. Ein orkanartiger Wind fegte durch die Straßen und wirbelte alles mit sich hoch, was nicht niet- und nagelfest war. Es passte zu seiner Stimmung in seinem Innersten.

Er stieg aus und klingelte ...

Nichts ...

Langsam ging er um das Haus, es sah schon unbewohnt

aus. Hier war niemand mehr.

Er stieg wieder in den Wagen und überlegte eine Weile. Bei ihm zu Hause würde er sich wohl nicht verstecken. Würde seine Frau ihm Unterschlupf gewähren?

Er musste nachschauen, wer weiß, was sein Freund in seinem kranken Hirn ausbrüten würde, und wer weiß, was seine Frau mit der ganzen Sache zu tun hatte. Da musste er wohl noch tiefer im Dreck wühlen, um an die ganze Geschichte zu kommen.

Aber dafür war später Zeit, nun wollte er mit ihm abrechnen und es war keine Frage für ihn, wer diesen Kampf gewinnen würde.

Er fuhr langsam durch die Straßen, am Ziel sah er den Wagen seiner Schwiegereltern vor der Tür und auch die Autos seiner Kinder standen in der Einfahrt. Das Haus war hell erleuchtet und belebt.

Erleichtert atmete er auf, ungern hätte er ihn in Gegenwart seiner Frau zur Rede gestellt. Nur wenn es hätte sein müssen.

Nachdem er kurz nachgedacht hatte, fiel ihm das alte Anwesen seiner Familie am Stadtrand ein. Einige Monate hatte er nicht mehr an dieses alte Gemäuer gedacht. Es würde passen. Seit langer Zeit unbewohnt, die Ruine war nur noch Bauschutt, aber er konnte sich irgendwie nicht von dem Grundstück trennen. Dort hatten sie gemeinsam ihre Kindheit verbracht, waren aufgewachsen wie zwei Brüder, hatten alles gemeinsam gemacht. Wie Pech und Schwefel waren sie gewesen, hatten die gleichen Hobbys gehabt, zum Glück nicht denselben Frauengeschmack.

Er dachte an seine Jugendzeit zurück, während er den Wagen sicher Richtung Stadtrand lenkte.

Die Wahrscheinlichkeit, ihn dort anzutreffen, war gut. Wo sollte er sich sonst aufhalten und seinen flammenden Hass auf ihn nähren?

Für Hotels hatte er kein Geld, vielleicht gab es noch andere Frauen, bei denen er stecken könnte, aber er musste es versuchen.

Der Regen hatte aufgehört, als er an der Auffahrt des alten Grundstücks vorbeifuhr. Hinten an den Hecken stand der dunkle 850i. Er hatte sich doch tatsächlich hier verkrochen, um seine Wunden zu lecken. Finanziell komplett ausgebrannt, von der Familie verlassen und mit seiner abgelegten, geldgeilen Noch-Ehefrau gestraft. Das musste schon die Hölle für ihn sein, er war selbst immer gierig und berechnend gewesen, konnte nicht teilen. Ein Charakterzug seines Freundes, mit dem er nie klargekommen war. Er selbst hatte immer darüber hinweggesehen, aber in den letzten zwei Jahren war es immer schlimmer geworden.

Jetzt gipfelte das Ganze in dem Höhepunkt, dass er seine Freundschaften wegwarf und ein Vergewaltiger geworden war, versuchter Mord stand auch noch im Raum ...

Wieder kochte der Zorn in ihm hoch ... Aber das war nur der Vorhof zur Hölle ... Das, was ihn jetzt erwarten würde, hatte er verdient. Er würde ihm zeigen, wie schmerzhaft die Hölle sein konnte.

Beim Aussteigen zog er Jacke und Pullover aus, er wollte Bewegungsfreiheit. Er ließ die Gelenke seiner Finger knacken und hoffte, dass sein Boxtraining von früher ihm helfen würde.

Leise drückte er die Wagentür ins Schloss, er wollte den Überraschungsmoment für sich nutzen.

Sein Freund und er waren ungefähr gleichgroß und gleich

schwer und beide waren körperlich fit. Er würde nicht den Fehler machen, ihn oder sein krankes Hirn zu unterschätzen.

Seine 9 mm Luger lag dummerweise im Tresor in seinem Haus. Aber die bräuchte er nicht, er wollte ihn mit seinen eigenen Händen kalt machen.

Auge um Auge, Zahn um Zahn ... Er sollte leiden, so, wie sie gelitten hatte ... Er wollte sich ihre Qual nicht vorstellen, die dieses Tier ihr angetan hatte. Er wollte das Blut seines Freundes an seinen Händen fühlen, sein Zorn war nicht zu bremsen ...

Leise, geschmeidig, bewegte er sich im Schatten der Bäume auf das Haupthaus zu.

Schwache Stimmen waren zu hören und er sah in den unteren Fenstern einen kleinen Lichtstrahl. Das Haus war eigentlich unbewohnbar, ohne Wasser, ohne Strom. Das Gebäude war verfallen und das Dach teilweise nicht mehr vorhanden. Der Wind wirbelte lose Äste durch die Luft, orkanartige Böen ließen die Bäume zittern. Aber als Unterschlupf, mit ein paar geeigneten Outdoor-Utensilien war es perfekt. Einsam gelegen, von der Straße schlecht einzusehen. Hier hatte er also schon seit Tagen seine Zelte aufgeschlagen.

Geduckt schlich er über die große Treppe und durch die angelehnte Vordertür betrat er die ehemalige Eingangshalle. Leise stieg er über den Dreck und Schutt zu den hinteren Räumen. Er drückte die Tür der ehemaligen Wohnküche auf ...

Da war er ... Sein Freund stand am Kamin angelehnt und redetet mit sich selbst. Er murmelte etwas vor sich hin, wirkte fahrig und desorientiert. Mitleid, nein, das hatte dieses Schwein nicht verdient. Er war dreckig, ungewaschen und unrasiert, sein Anzug war zerrissen und steif vom Schmutz. Die fettigen Haare hingen ihm ungewaschen in die Stirn, das ehemals weiße Hemd war schmierig braun. Das Gesicht mit dem Zehntagebart war aufgedunsen, er wirkte wie ein Landstreicher in dieser Ruine.

Was war für ein Wrack aus ihm geworden, in so kurzer Zeit.

Er blieb in der Tür stehen und starrte auf dieses ekelhafte Etwas am Kamin. Ein kleines Feuer fackelte darin.

Das Schwein drehte sich nun in Richtung Tür. Hass und Neid loderten in seinen Augen auf. Hass, der sich gegen ihn richtete, das konnte er spüren.

„Ah, welch edler Besuch in dem alten Gemäuer. Ich hatte mich schon gefragt wann der feine Herr hier auftaucht. Ich dachte mir, dass du auf die Idee kommst, mich hier zu suchen. Na, endlich gemerkt, was gelaufen ist? Hast dir bestimmt in die Hosen gemacht, dass dein ach so perfektes Leben den Bach runtergeht!“

Er wirkte wie ein Wahnsinniger, spuckte ihm die Worte regelrecht entgegen. Fuchtelte wild mit den Armen dabei.

Was hatte diesen ehemals guten Menschen, den er über so viele Jahre seinen besten Freund genannt hatte, nur so verändert?

In der Tür stehend wappnete er sich für den bevorstehenden Kampf, seine Hände ballten sich zu Fäusten und sein Körper war gespannt.

„Zuerst habe ich‘s deiner Frau mal so richtig besorgt, da warst du ja nicht mehr in der Lage zu. Dann war mal deine kleine Schlampe dran, da hatte sie mal‘n richtigen Schwanz. Hat ihr Spaß gemacht, hat gejuchzt vor Freude.

Danke für die Fesseln, so war es einfacher für mich. Eigentlich wollte ich euch beide betäuben, aber deine Schlampe trinkt bestimmt nur Champagner!“

Jetzt erst erinnerte er sich, dass sein Freund an diesem Abend auch ihr ein Glas Whiskey bringen wollte. Aber er hatte sofort erwidert, dass sie keinen Single Malt trinken würde. Der Blick seines Freundes bei diesen Worten von ihm, jetzt sah er es wieder vor sich. Es war Hass in seinen Augen gewesen.

Maßlose Wut trieben ihn an, mit einem Sprung stürzte er zum Kamin und landete einen rechten Haken genau unter dem Kinn. Krachend ging sein Gegner zu Boden, rappelte sich aber sofort wieder hoch. Gespenstisch flackerten die Schatten durch den Raum, sein Freund tänzelte wie ein Raubtier um ihn herum. Er durfte ihn nicht unterschätzen, musste auf der Hut sein, mahnte er sich.

„Ich kann die Wut in deinem Gesicht sehen, ich kenne dich gut. Die Fotze scheint ja was ganz Besonderes für dich zu sein. Ich fand sie eigentlich nur langweilig!“

Jetzt war das Maß endgültig voll.

Mit einem Aufschrei des Zorns stürzte er sich auf ihn und schlug blindlings zu. Drosch auf seinen Kopf ein wie auf einen Punching Ball. Er spürte, wie seine Fingerknöchel nach dem dritten Schlag aufplatzten, der Schmerz war ihm egal. Der Hass trieb ihn voran.

Sein Puls raste und er wollte nur noch eins: Blut sehen …

Bei einem Schlag, den er ihm in die Rippen versetzte, spürte er, wie die Rippen knackten, aber das Schwein kämpfte mit der Kraft des kranken Wahnsinns.

Seine Fäuste schmerzten, aber er wollte den Schmerz, für sich und dieses kranke Schwein, das er mal seinen Freund genannt hatte. Die Haut an den Knöcheln platzte auf, sein Blut vermischte sich mit dem Blut seines ehemaligen Freundes. Wieder und wieder schlug er zu, das Gesicht seines Gegners war zugeschwollen, aber er kannte keine Gnade.

Der Stich in seine Seite kam völlig überraschend …

Erschrocken schnappte er nach Luft ... Fasste sich in die Seite und sah sein eigenes Blut auf den Fingern

Das Drecksschwein hatte ein Messer. Feige und hinterfotzig, aber was hatte er erwartet? Fairness von einem Irren?

Er holte tief Luft, sammelte sich und ignorierte die Schmerzen.

„Da staunst du … dachtest du, ich würde mich nicht wehren? Die Tabletten haben offensichtlich nicht funktioniert, ich hätte freie Bahn gehabt, deine Frau und das Geld, dann muss ich dich jetzt kaltmachen!“ Mit diesen Worten sprang sein ehemaliger Freund ihn an wie ein wildes Tier.

Er wich dem Sprung geschickt zur Seite aus und schlug im Vorbeidrehen mit einer solchen Wucht zu, wie sie nur blanke Wut erzeugen kann.

Das Geräusch von berstenden Knochen hallte im Gemäuer wider, Blut und Zähne spritzten durch den Raum. Er konnte es in seinem Gesicht fühlen. Ein Schwall Blut schoss aus dem Mund seines Gegners und er ging sofort zu Boden, der Kiefer hing schlaff herunter.

In rasender Wut trat er zu.

Der Wunsch, ihn zu töten, für alles, was er ihr und auch ihm als seinen ehemals besten Freund angetan hatte, überwältigte ihn. Es war nur ein Bruchteil der Sekunde, dann hatte er sich wieder in der Gewalt.

Er schaute runter auf den schnaufend am Boden liegenden Verletzten und spuckte aus.

„Du bist es nicht wert, dass ich mich versündige“, sagte er leise.

Dann zog er sein Telefon aus der Hosentasche und wählte den Notruf.

Die Polizei, ein RTW und der Notarzt trafen zehn Minuten später ein. Er blutete stark in der Nierengegend, aber das Adrenalin ließ ihn den Schmerz nicht fühlen. Das Gesicht seines ehemaligen Freundes war nur noch eine breiige Masse, aber so sahen seine eigenen Fingerknöchel auch aus.

Sein Zorn war verraucht, er fühlte nur noch Leere und Müdigkeit. Trauer um den Verlust ihrer jahrelangen Freundschaft konnte er nicht empfinden.

Während der RTW aus der Einfahrt fuhr, verband der Notarzt seine Fingerknöchel und die oberflächliche Schnittwunde im Nierenbereich. Dann musste er der Polizei Rede und Antwort stehen.

Er erwähnte als erstes, dass es sein Grundstück wäre und er angegriffen wurde. Das Messer wurde gesichert. Ferner fand man diverse Medikamente, unter anderem eine 12er Schachtel Nuramitan, in denen ein Blister mit sechs Stück fehlte. Ein Kleidungsstück seiner Frau wurde auch gesichert. Er erkannte die Jacke sofort, da sie einen Riss hatte, sagte aber nichts dazu. Sie musste also hier gewesen sein und gewusst haben, wo er sich versteckt hatte. Aber da würde er sich ein anderes Mal drum kümmern, nicht jetzt.

Nachdem er die Ereignisse geschildert hatte, wurden die beiden Polizisten ruhiger. Er hatte in Notwehr gehandelt und würde in ein bis zwei Tagen mit seinem Anwalt auf die

Wache kommen und den Tathergang nochmals schildern.

Nachdem er seine Personalien angegeben hatte, durfte er fahren. Er war müde, es war vier Uhr in der Frühe, aber er wollte die Strecke auf sich nehmen und zurück zu ihr.

Leise sprang der Sechszylinder an, er fuhr los.

Auf der Rückfahrt musste er aufpassen, dass er nicht einschlief. Er war so müde und die körperlichen Schmerzen machten sich bemerkbar ... Seine Hände und Arme taten weh und sein Gesicht hatte auch was abbekommen. Seine Lippe war seitlich aufgeplatzt und sein Kinn war blutunterlaufen. Hämmernde Kopfschmerzen waren die Folge und die Wunde in der Seite pochte. Ihm war speiübel, da fiel ihm ein, dass er außer dem Frühstück gestern nichts gegessen hatte. Sein Magen knurrte und er fühlte seinen Kreislauf in den Keller sacken.

Beim nächsten Autohof fuhr er ab und nahm sich einen Kaffee und ein Sandwich mit. In der Tankstelle starrten sie ihn entsetzt an, sein Shirt und sein Gesicht waren blutbeschmiert, wie er beim Rausgehen in der Fensterscheibe bemerkte.

Er sah aus wie ein Penner und stieg in einen 911er Turbo. Bestimmt dachte der Tankwart er habe das Auto geklaut. Es hätte ihn nicht gewundert wenn ihn gleich die Streife anhalten würde. Zum ersten Mal nach über drei Wochen brach er in lautes Lachen aus.

Er freute sich so sehr auf sie und eine heiße Dusche. Ihr Telefon war aus, und wenn er gleich bei ihr war, musste er Farbe bekennen. Er würde alles erzählen, vom Abend im Landhaus angefangen, das war er ihr schuldig. Die Angst, sie zu verletzen, sollte er an die Seite schieben, sie ahnte etwas, was sie nicht greifen konnte.

Er würde ihr helfen das alles zu verstehen.

Sie mussten das gemeinsam durchstehen.

Als er von der Autobahn runter auf die Landstraße fuhr, war es fast acht Uhr am Morgen. Noch immer wütete das Sturmtief über die Küste, aber wenigstens regnete es nicht mehr. Der Himmel war grau und wolkenverhangen und er gab Gas auf dem letzten Stück der Strecke, obwohl der Asphalt nass war.

Ob sie schon wach war? Er versuchte zum zehnten Mal, sie anzurufen, immer noch die Mobilbox.

Wo steckte sie? Warum ging sie nicht an ihr verflixtes Telefon?

Die Sorgenfalte auf seiner Stirn wurde tiefer, er hasste es, wenn sie nicht erreichbar war für ihn. Sie hatte gestern Morgen normal gewirkt, er hatte sich keine Gedanken gemacht. Er schwor sich, sie in den nächsten Tagen und Wochen nicht aus den Augen zu lassen. Sie machte ihn noch verrückt.

Das letzte Stück holte er in den menschenleeren Straßen aus dem Turbo raus, was möglich war. Ihm war kalt und er wollte nur noch ankommen. Die Gasse zum Strand hoch

war ruhig und im Haus alles dunkel. Schlief sie noch?

Er dachte daran, wie sie gestern morgen wie ein Igel im Bett gelegen hatte, zusammengerollt und tief schlafend. Er empfand so viel für sie, aber die Sorge um sie würde ihn noch seinen Verstand kosten.

Hastig parkte er den Wagen ein und lief zur Haustür. Er schloss die Tür auf und warf sie gegen die Wand, rief ihren Namen in das leere Haus hinein. Kein Feuer im Kamin, es war eiskalt hier drinnen.

Abermals rief er ihren Namen, rannte ins Schlafzimmer.

Das Bett war unberührt, vor dem Schrank seine Reisetasche, auf dem Bett die Klinikakte ... Die Bilder ihres zerschundenen Körpers waren auf dem Bett ausgelegt.

Er schluckte, versuchte sich zu beruhigen, ein Blick auf die Bilder und die Tränen schossen ihm in seine Augen ...

Jetzt packte ihn die Angst, ihre Sachen waren alle hier, aber ihre Jacke hing nicht an der Garderobe. Er rannte aus dem Haus, eiskalt schlug ihm der Wind entgegen, er trug nur ein Shirt.

Für seine Jacke im Wagen war keine Zeit, er lief den Trampelpfad hinterm Haus Richtung Strand entlang. Der Wind zerrte an seinen Haaren und hier oben an der Düne war es noch stärker.

Er blickte runter, den Wassersaum entlang, an dem um diese Zeit, bei diesem Wetter, noch nicht einmal eine Möwe zu sehen war.

Da stand sie, er konnte sie in der Ferne erkennen. Er sah sie, direkt im Wasser, ihre Füße wurden von den Wellen umspült. Ihr Körper schwankte im Wind.

In nackter Panik schrie er ihren Namen, der Wind verschluckte seine Rufe. Wenn sie ins Wasser ging würde er es nicht schaffen, rechtzeitig bei ihr zu sein.

Oh Gott, bitte nicht, tu mir das nicht an ...

Er mobilisierte seine letzten Kräfte bei der eisigen Kälte und rannte los. Sprintete den langen Weg von der Düne hinunter, er musste zum Wasserrand, da kam er schneller vorwärts. Es kam ihm wie ein kilometerlanger Lauf vor, jetzt hatte er sie genau im Blick und rief wieder ihren Namen.

Sie bewegte noch nicht einmal den Kopf.

Starrte nur in die Ferne ...

Noch ein kleines Stück, gleich hatte er es geschafft, er merkte, dass seine Wunde wieder blutete und er hatte das Gefühl, seine Lunge müsste gleich bersten ...

Er stürmte auf sie zu durch das flache Wasser und riss sie in sein Arme. Presste sie an sich und keuchte völlig außer Atem.

Erstaunt schaute sie ihn an, als wenn sie gerade wachgeworden wäre. Er zog sie aus dem Wasser und bemerkte erst jetzt, dass sie Gummistiefel trug.

Sie hatte nicht ins Wasser gehen wollen ... Hatte nur am Wasser gestanden ...

Als er sie ansah, merkte er das Entsetzten und die Angst in ihren Augen.

Dann nahm sie ihn endlich in die Arme und küsste ihn.

„Du bist es nicht gewesen, ich erinnere mich an alles“, sagte sie leise.

Er hielt sie fest in seinen Armen und seine Antwort war genauso leise: „Er hatte mich betäubt, im Whiskey den er mitgebracht hatte, war ein Betäubungsmittel. Deshalb bin ich nicht aufgewacht. Es tut mir so leid!“

Er zog sie mit sich, wortlos gingen sie den Weg zum Haus hoch. Er konnte nicht mehr, taumelte. Sie schlang ihren Arm um seine Seite, vorsichtig, um nicht an die Wunde zu kommen, und versuchte, ihn zu stützen. Er war zu groß und zu schwer für sie.

Irgendwie schafften sie es bis ins Haus.

Sofort verschwand er im Bad und sie hörte die Dusche, sie machte das Feuer im Kamin an und setzte sich davor.

Ihr war auch kalt.

Als er aus dem Badezimmer kam, setzte er sich wortlos

neben sie, trug nur seine Shorts.

Beide starrten ins Feuer. Eine Weile saßen sie schweigend da, dann sah sie ihn an, sah seine aufgeplatzten Fingerknöchel, die Wunde an seiner Seite blutete, er hatte nur notdürftig Pflaster darauf geklebt.

Sein Kiefer war blau und angeschwollen und seine Lippe blutete leicht.

Sie schlang ihre Arme um seinen nackten Oberkörper und streichelte vorsichtig über sein zerschlagenes Gesicht.

Dann küsste sie ihn.

Der ganze Druck fiel von seiner Seele und er begann in ihren Armen zu weinen. Sie wiegte ihn wie ein kleines Kind und streichelte seinen Kopf.

Er stand auf und setzte sich in den Sessel, zog sie auf seinen Schoß, schlang fest die Arme um sie und schloss seine Augen.

Dann schlief er ein.

Als er aufwachte, fühlte er sich besser. Es war warm im Raum und sie hatte eine Decke über ihn gelegt. Er hörte sie in der Küche, die Uhr zeigte vier Uhr nachmittags, seine Wunden schmerzten, er sah, dass sie versuchte hatte, alles zu verbinden.

Er ging nach nebenan, zog sich einen Pullover über und ging in die Küche. Sie hatte gekocht, das Essen stand schon auf dem Tisch. Er setzte sich auf den Stuhl und zog sie auf seinen Schoss.

„Wirst du mir das jemals verzeihen, dass ich dieses Schwein in unser Leben gebracht habe?“

Sie nahm seine geschwollene rechte Hand, küsste sie und sagte leise: „Das habe ich längst und nun erzähl mir, was passiert ist."

Er beschönigte nichts und sagte ihr, dass er ihn halb tot geschlagen habe, er wusste nicht, ob er noch lebte, es war ihm auch egal. Die ganze Geschichte sprudelte aus ihm heraus.

Als er geendet hatte, schlang er wortlos sein Essen runter. Jetzt ging es ihm erheblich besser, er brauchte nur noch eins zu seinem perfekten Wohlbefinden.

Er trat hinter sie, hob sie hoch und trug sie ins Schlafzimmer. Dort warf er sie auf das Bett und legte sich neben sie, er war zu müde für irgendetwas, wollte sie einfach nur im Arm halten und ihren Körper fühlen.

Sie verstand ihn.

„Ich liebe dich", flüsterte sie.

„Ich liebe dich mehr. Ich glaube, er hatte das geplant und meine Noch-Frau steckt mit in diesem Dreck", sagte er, während er einschlief.

„Das werden wir herausfinden, morgen ist ein neuer Tag", antwortete sie, bevor auch ihr die Augen zufielen.

to be continued

Thank you,
you gave my imagination wings ...